MW01628447

El Dr. **Herminio Nevárez** es un reconocido conferenciante internacional en temas de liderazgo y network marketing. Talentoso orador, sus presentaciones sobre su novedosa forma de hacer negocios inspiran desde hace más de veinte años a cientos de miles de emprendedores de todo el mundo con su visión de una economía autosustentable donde las personas son el activo y el recurso más importante. CEO y fundador de Social Economic Networkers, sus excelentes resultados lo avalan como un eficaz comunicador y mentor, capaz de generar experiencias transformadoras hacia un trabajo en equipo orientado al progreso personal y social.

En 2015 recibió el premio Latino Leadership Award 2015, como «Business Person of the Year», otorgado por los Estados de Washington, Maryland y Virginia por sus contribuciones al desarrollo social y la formación de profesionales independientes. En 2016 fue orador en la Cumbre Mundial de Activistas por la Paz (CUMIPAZ) con el tema de Economía Autosustentable dentro de la sección de Responsabilidad Social Corporativa.

El Dr. Nevárez está considerado uno de los líderes y mentores de mayor trascendencia e impacto social en la industria del network marketing y la economía de redes en todo el mundo.

El Dr. **Hernán Cerna** es un reconocido formador y conferenciante internacional en materias de neurociencia, comunicación y liderazgo. Investigador de la naturaleza del ser humano, ha diseñado un método único de aplicación de valores y niveles de conciencia para su utilización práctica por personas y organizaciones.

Su experiencia formativa y profesional incluye la investigación y docencia en filosofía oriental y medicina tradicional china, así como el management empresarial.

Ha trabajado en más de cuarenta países en proyectos de gestión del talento, cambio organizacional y creación de equipos de alto rendimiento en compañías de prestigio internacional.

Presidente de Isora Solutions e Isora Neurociencia, el Dr. Cerna es investigador y codirector de la cátedra Human Behaviour & Focus Values Systems de la Universidad Politécnica de Valencia, donde ha desarrollado un proyecto pionero en el área de estimulación auditiva neurosensorial aplicada al aprendizaje de lenguas extranjeras, además de autor de varios libros y publicaciones científicas.

Poderoso comunicador, es capaz de crear en las participantes experiencias sorprendentemente transformadoras recordando que los valores son la base de nuestras decisiones en la vida.

HAZTE SABIO ANTES DE HACERTE VIEJO

Dr. Herminio Nevárez
Dr. Hernán Cerna

HAZTE SABIO ANTES DE HACERTE VIEJO

porque algunos llegan a viejos y pocos a sabios

Círculo Rojo
EDITORIAL

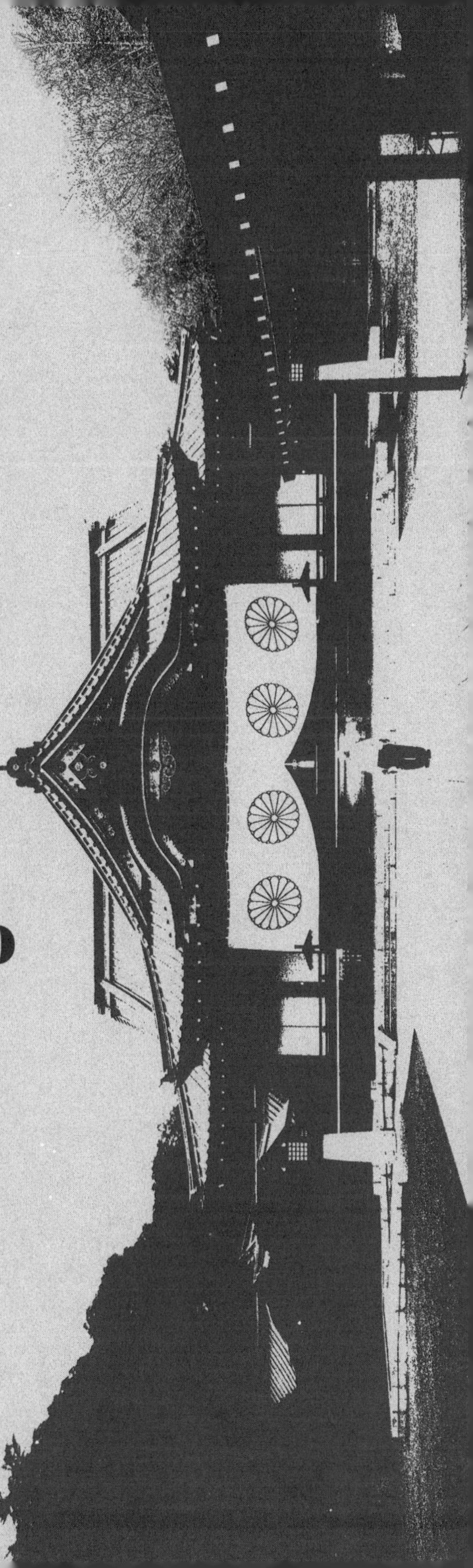

Primera edición: diciembre 2019

Depósito legal: AL 2601-2019

ISBN: 978-84-1338-555-6

Impresión y encuadernación: Editorial Círculo Rojo

Edición al cuidado de Roberto R. Bravo.: Hernán Cerna Vergara y Herminio Nevárez Rivera

Editorial Círculo Rojo
www.editorialcirculorojo.com
info@editorialcirculorojo.com

Impreso en Colombia - Printed in Colombia

Querida Ana

Espero que este libro sea fuente de Inspiración en cada dimensión de tu vida...

Cree en ti, deja que poder Intuición se Manifieste y la gran Heroína que vive en ti salga a la luz...

Con cariño y fe en ti

[illegible]

15-03-2020

Contenido

Prólogo

Llevo años reflexionando en silencio sobre una gran dicotomía que siempre he observado con fascinación: el conocimiento de uno mismo. No sabía que Herminio y Hernán, al invitarme a elaborar el prólogo de su libro, me estaban invitando al mismo tiempo a hacer pública esas reflexiones. Por un lado, leo a reputados psicólogos y científicos ensalzar los beneficios del autoconocimiento para la construcción de lo que somos. Y al mismo tiempo, desde mi perspectiva de periodista y observador de la vida, lo considero un choque frontal teniendo en cuenta que estamos en la era de las redes sociales y el impacto instantáneo. Porque construimos el timeline de nuestro Twitter o Facebook en base a la rapidez de los hechos que se consuman a nuestro lado. Devoramos, además, lo que nos autoafirma, y rechazamos lo que pone en tela de juicio nuestras creencias absolutas. Respaldar nuestras ideas nos produce un placer muy efímero pero tranquilizante a su vez, por saber que estamos "en el lado bueno", que viene a ser en su caso y en el mío, el de quien piensa como usted o como yo.

Puede que esto no sea nada nuevo bien entrado el siglo XXI, pero el tiempo es el factor que lo cambia y lo revoluciona todo. En un mundo cargado de incertidumbres donde la vida transcurre muy rápido, necesitamos tomar decisiones precisas y en poco tiempo debido a las exigencias del día a día, y yo sinceramente, no sé convivir muy bien con esa dicotomía. Por un lado, el autoconocimiento, que es tan necesario para las relaciones humanas y con uno mismo, pero por otro lado, muchas personas lo ven como algo realmente alejado de su propia vida debido a la velocidad de los hechos y la circunstancias que les rodean.

Para ser totalmente sincero conmigo, al inicio ni siquiera sabía por dónde empezar la escritura de este prólogo. Cómo podía, en primer lugar, dejar a un lado mis propias ideas preconcebidas y dejarme llevar por la profundidad que la obra contenía. Quizá, eso iba a ser lo más complicado. Ahora bien, si había algo que tenía claro, era un profundo sentimiento de halago, y no tanto por escribir el prólogo en sí, sino más bien por ser el primero que iba a tener el privilegio de poder leer el libro. Nadie antes que yo, me dije. Eso sí que era un honor.

Lo más emocionante de «Hazte sabio antes de hacerte viejo» es que me ha permitido no sólo aprender sobre mí, sobre lo que yo mismo concebía en torno a la vida, el amor o los miedos, sino que de alguna manera me hizo identificarme con todos y cada uno de los personajes, que fueron verdaderos compañeros de viaje y a los que sentí como parte de mi propio ser. Esta obra es como un diálogo directo, capaz de dibujar caminos diferentes ante situaciones concretas, pero sin trazar un itinerario único ni mostrar ningún destino. Sólo muestra pequeñas pistas para comenzar el viaje interno hacia el descubrimiento del interior de cada uno. Debido a mi profesión tengo mucho pudor para dar cualquier tipo de consejo, y menos en un prólogo a una obra con tanto trabajo y tiempo de dedicación como el que han invertido los autores. Si acaso puedo decirle, siempre que me lo permita, que al leer esta obra deje que sea su alma quien marque el ritmo del viaje, ya que solamente el hecho de alejarse de la vida cotidiana, y este libro lo logra, permite al lector observarse y darse la oportunidad para reflexionar hacia lo más íntimo de su persona. Después, usted ya dispondrá de las enseñanzas que muestra cada día de la travesía. Ya que como enuncia un sabio maestro:

No hay nada que no puedas hacer, ni nada que no puedas tener, siempre y cuando antes decidas ser.

Carlos Herranz
Periodista

Agradecimientos

A lo largo de la vida se acumulan muchas y diversas deudas de gratitud, algunas personales, provenientes de nuestra relación con quienes hemos compartido ciertas vivencias, en ocasiones muy cercanas a nuestro corazón; otras indirectas, a través de la huella que muchos a quienes no hemos conocido han dejado en la tradición o en la cultura; otras con los autores, antiguos o actuales, de los libros que vamos encontrando en el camino.

En muchos casos, la influencia de personas que comparten nuestra visión y nuestros valores se va sumando como gotas que incrementan poco a poco nuestro caudal de intereses, la conciencia de nuestra misión, nuestro propósito de crecimiento. Valiosos compañeros de viaje que han contribuido a aumentar ese caudal hasta convertirlo en un potente río. Personas que nos han influido de múltiples maneras, a través de agradables momentos compartidos, mejorando nuestros conocimientos, dándonos motivos de reflexión… que finalmente culminan en el libro que presentamos.

Conscientes de nuestro compromiso con quienes han influido de distinto modo en nuestras vidas, contribuyendo a que seamos quienes somos hoy, queremos manifestar nuestro agradecimiento a todos los que, de algún modo, han tenido que ver con la realización de este libro; y muy especialmente a quienes han colaborado directamente con su creación, ya sea en el ámbito de las ideas o de su elaboración.

Precisamente por la conciencia clara que tenemos de esa deuda de gratitud, y porque, con toda seguridad, los nombres de más de uno quedarían en el tintero, hemos optado por manifestar nuestro agradecimiento de la manera más amplia, en la seguridad de que todas esas personas estarán así incluidas y en la esperanza de que quienes nos conocen se sientan real y verdaderamente receptores de nuestro inmenso agradecimiento por su desinteresada y amable participación.

Por último, y principalmente, queremos agradecerte a ti, apreciado lector, a quien se dirige este libro, que has decidido acompañarnos y compartir con nosotros el aprendizaje que aquí proponemos. Esperamos que estas herramientas te sirvan para convertirte cada vez más en mentor de tu propia vida.

Dr. Herminio Nevárez.
Dr. Hernán Cerna.

Presentación

Te damos la bienvenida a un plan de aprendizaje amplio y reflexivo, que te servirá para lo que sea que quieras hacer. En lugar de un libro más, queremos ofrecerte ideas para pensar sobre tu vida, tus relaciones, tu proyecto vital, tus planes de futuro. Esperamos que este libro pueda contribuir al desarrollo de tus aspiraciones, cualesquiera que sean: personales, profesionales, de emprendimiento o de relación con otras personas. Ante todo, queremos ofrecerte un instrumento útil que te ayude a lograr lo que tú quieras. Nuestra intención es facilitarte un punto de partida y reflexión para lo que decidas hacer en tu vida.

Haremos todo lo que esté a nuestro alcance para hacer de esta una experiencia amena, incluso divertida, que resulte memorable y, sobre todo, fructífera. Para ello, recurrimos a un género que nunca decepciona por su diversidad, facilidad de lectura y dinamismo: la mayor parte del libro que tienes en las manos está compuesta de diálogos. Pero que no te engañe esta aparente simplicidad: no olvidemos que uno de los más grandes filósofos y una de las cumbres del pensamiento de todos los tiempos, Platón, escribió en diálogos. Y que su maestro Sócrates, que no dejó nada escrito, cifró toda su enseñanza en los diálogos que sostenía con sus interlocutores. De ningún modo pretendemos hacer comparaciones, solo hacer constar la indiscutible validez del recurso.

Todo libro es, en realidad, un diálogo entre escritor y lector. Porque la lectura no es una actividad pasiva. El buen lector analiza, considera, aprueba u objeta, reformula, se adelanta a lo escrito, saca sus propias conclusiones. Plantea un reto permanente para el escritor, que debe saber prever esos movimientos y responder adecuadamente a ellos para que el diálogo sea eficaz. Contamos contigo porque sabemos (y lo sabemos porque tienes este libro en tus manos) que cuentas con los ingredientes más importantes para alcanzar tu propósito: tu propia curiosidad, tus recursos y habilidades personales, el deseo de aprender y de desarrollarte cada vez más, en un proceso permanente.

Como con cualquier actividad consciente y reflexiva, al final de este libro percibirás que tienes una idea más clara y más precisa de lo que quieres hacer y de tus posibilidades para lograrlo. Pero el mérito, en gran medida, será tuyo. Esperamos también que su lectura y tus resultados te ayuden a conocerte un poco mejor a ti mismo.

En el recorrido que vamos a emprender juntos, tal vez te identifiques con las vivencias de alguno de nuestros personajes, las historias de nuestro entrañable maestro *sensei* (que literalmente significa «el que ha nacido antes, el que ha recorrido el camino») o del experimentado acompañante, el *senpai* («compañero de antes»); y puede que esas vivencias compartidas te ayuden a facilitar a otros la consecución de sus metas…, lo que a su vez contribuirá a que tú mismo logres las tuyas.

Así como toda idea se va afinando con el tiempo, el recorrido que haremos te ayudará a comprender mejor la tarea que el sensei nos propone, para lo cual es útil empezar por examinar nuestras habilidades, las que ya sabemos que tenemos y las que no tenemos tan claro que estén ahí.

Los autores

Ingredientes para la travesía

En el bosque de bambús,
mañana, 21 de junio

Un árbol frondoso nace de una raíz
tan fina como un cabello.
Un viaje de mil leguas empieza con un paso.

Lao Tse

Nada más llegar, el grupo de invitados fue recibido por dos jóvenes aprendices pertenecientes al Templo del Conocimiento, ataviados con la tradicional túnica de color tierra. Les ayudaron con el equipaje y les indicaron la habitación donde se alojaría cada uno.

En realidad, no era una habitación como normalmente la habrían entendido los invitados y como seguramente esperaban que fuese. Cada estudiante disponía de un pequeño espacio privado desprovisto de todo mobiliario salvo un *futón* a la altura del suelo, que sería su cama, sobre el cual, primorosamente doblada, encontró cada uno una impecable túnica similar a la que vestían los diligentes jóvenes, para usar sobre las propias ropas, una pequeña mesita con su silla, y los sobrios biombos que los separaban de las demás habitaciones y de las zonas comunes.

Mientras Victoria preguntaba si habría algún tipo de armario o algo similar para colgar la relativamente abundante ropa que había traído, Mari Carmen comprobaba si el futón era lo bastante cómodo para su espalda maltrecha por el largo viaje.

Antonella y Alberto, los más jóvenes del grupo, dejaron sus cosas en el suelo, con lo que cada cual se consideró instalado en el sobrio espacio que le había sido asignado. El frío, aunque había disminuido mucho desde que finalizara el crudo invierno, invitaba a probar la túnica, parecida a un *kimono*, que amablemente les habían cedido. Al reencontrarse en el espacio común, ataviados a la manera de los integrantes del Templo, intercambiaron algunas palabras mientras echaban una mirada fugaz a las zonas cercanas y las estancias donde, al menos de momento, parecían tener permitida la entrada.

John, el último en llegar, se detuvo unos minutos ante su austera habitación, ordenando mentalmente lo que iba a ser su cuarto durante las próximas semanas. Se sentía halagado y feliz de encontrarse en aquel punto remoto del planeta, virtualmente perdido entre las montañas del interior de Japón, donde nunca había estado en sus anteriores viajes.

Poco rato después, ya acomodadas sus pertenencias, los cinco visitantes fueron amablemente conducidos por los mismos solícitos jóvenes que los habían recibido a un amplio espacio en el interior de un pequeño y prístino bosque de altísimos bambús en las inmediaciones del Templo.

—¡Qué lugar encantador! —exclamó Mari Carmen, la mayor del grupo, mirando allá en lo alto los ligeros ramilletes de hojas de un color verde claro en los que culminaban los tupidos y largos troncos que daban una apacible sombra a todo el bosquecillo la vez que permitían el paso de la luz—. ¡Qué altura increíble la de estos bambús... —le comentó a Victoria, que en esos momentos andaba cerca de ella sin parar de sacar fotos con su teléfono de última generación.

—¿Crees que nos dejarán conservar el móvil? —preguntó esta mientras miraba las imágenes que acababa de captar en la pequeña pantalla de su aparato—. Apuesto a que por aquí hay sitios espectaculares para hacer fotos. Me muero de ganas de colgarlas en mis redes.

—No lo sé —contestó Mari Carmen indiferente a la preocupación de su compañera, sin dejar de contemplar los altos troncos que se cimbreaban despacio en las alturas—. En cualquier caso —añadió con un gesto—, dudo que las fotos hagan justicia a esta maravilla.

Alberto y John, cada uno por su lado, observaban aquí y allá el extenso jardín. El británico, cada vez que se encontraba cerca de Alberto, no paraba de hacer comentarios y comparaciones con otros sitios que había visitado. El joven no respondía a sus palabras, más interesado en explorar su alrededor que en los elaborados comentarios de aquel cuarentón estirado.

Antonella, algo alejada de los demás, paseaba sola, deteniéndose a veces a contemplar los imponentes troncos de aquellos árboles asiáticos, de increíble altura, que emitían un sonido hueco al tocarlos.

Todos andaban al azar por el amplio espacio cuando se acercó el *senpai* Takashi desde la esquina oriental del bosquecillo. Dijo unas palabras que acompañó de una leve reverencia a sus dos jóvenes acompañantes, que se alejaron prestos, y se dirigió a los cinco extranjeros venidos de diversos puntos del planeta.

—Buenos días —saludó cortésmente.

Todos se acercaron a lo que parecía ser el centro del impresionante jardín.

—Agradezco a todos su presencia aquí, y deseo desde mi posición darles la bienvenida. Ejerzo como senpai del Templo del Conocimiento. En todo momento os acompañaré en vuestro recorrido durante estos días.

—Disculpe mi ignorancia, interrumpió Mari Carmen. No estoy familiarizada con algunos términos… No sé qué es un senpai.

—La palabra senpai —respondió Takashi amablemente— es de origen japonés. Puede entenderse, aproximadamente, como guía. Suele ser el compañero con más antigüedad del Templo… A excepción del *sensei*, por supuesto, que es el maestro… Nuestros aprendices son *kohais*, que significa «compañeros recientes»... Podéis contar conmigo para lo que necesitéis. Durante los próximos días os facilitaré cuanto esté a mi alcance para hacer vuestra estancia lo más cómoda posible. —Y añadió—: También estaré en las enseñanzas... o clases, si preferís llamarlas de esa manera, que impartirá el sensei. Más tarde os mostraré las zonas donde podéis entrar libremente, y os indicaré las que son algo más restringidas, para uso y trabajo de mis compañeros. Veréis que estas últimas no son muchas. Entiendo que ya os ha sido mostrado vuestro lugar de descanso personal.

Todos asintieron brevemente.

—He elegido este lugar —prosiguió—, el bosque de bambús, para nuestro primer encuentro informal, y para explicarles algunos ingredientes de la travesía que vamos a realizar juntos.

—¿Ingredientes?... —preguntó Alberto.

—Así es. Como si de la obra de un gran chef se tratara. La travesía tendrá unos ingredientes que le conferirán el sabor adecuado para cada uno. Cada quien, por supuesto, puede incluir los ingredientes que quiera y en la proporción que desee.

—Estoy intrigada por conocerlos —dijo Antonella con una sonrisa.

—Bien. Veamos brevemente, entonces, algunos de ellos.

»El primero es la curiosidad.»

Takashi observó los rostros de los que durante los próximos días serían los estudiantes invitados del Templo. Todos lo observaban atentamente. Prosiguió.

—Querer saber: la disposición para explorar, conocer nuevos terrenos y horizontes, idear nuevas vías… Condición imprescindible del aprendizaje.

»No hay nada peor para la travesía que vamos a hacer que la aceptación a ciegas: creer en algo solo porque alguien lo diga.»

Todos escuchaban en silencio, con el interés de lo nuevo.

—En Occidente —prosiguió el senpai— existe el dicho, que alguna vez es cierto, de que la curiosidad mató al gato. Pero sin curiosidad no existiría la ciencia, y nuestra especie aún no habría salido de las cavernas.

Una sonrisa brotó espontánea en algunos de los presentes.

—La curiosidad es un riesgo que bien vale la pena correr. No conformarnos con lo que se da por hecho, no aceptar nada sin comprobación es condición esencial para avanzar en el conocimiento. Pregúntate, toma notas, cuestiona las afirmaciones, contrástalas con otras fuentes, pero, principalmente, experimenta, comprueba por ti mismo. Porque un buen aprendiz siempre debe estar dispuesto a investigar.

El senpai se detuvo y escudriñó con la mirada a los asistentes.

—Nuestro segundo ingrediente es la sistematicidad.

»La curiosidad es el motor inicial del saber, pero para alcanzar la meta hay que ir por buen camino.

»En el terreno del conocimiento, que incluye, ineludiblemente, el conocimiento de uno mismo, proceder con orden, con método, es fundamental. Sin análisis, sin lógica, sin crítica, sin revisión y ordenación de lo aprendido, la curiosidad puede a lo sumo ser solo lo que podríamos llamar una base de datos, quizá amplia. Pero para ser auténtico conocimiento, esos datos deben ser sometidos al escrutinio de la razón… Y, como veremos, también de la experiencia. De no hacerlo así, no pasarán de ser una mera referencia, un relato. Ser capaces de razonar, clasificar, ordenar, fundamentar nuestras ideas, ya desde los primeros pasos, es imprescindible.

»El tercer ingrediente es la flexibilidad.

»Una consecuencia de la adquisición de conocimiento es que ello puede inducirnos a modificar nuestros puntos de vista, a la luz del análisis que nosotros mismos hagamos, o que aporten otros… Como es posible que ocurra estos días con nuestras ideas. También puede suceder que debamos incluir nuevas evidencias.

»A menudo sucede que las primeras impresiones son erróneas. Por eso, hay que estar siempre dispuestos a corregir el rumbo, a reconocer la posibilidad de equivocarnos y a asumir nuevas posiciones y formas de actuar cada vez que sea necesario.»

El grupo se mantenía atento a las palabras del senpai.

—Cuarto. Un ingrediente fundamental que nunca debe faltar: la diversión.

Algunos intercambiaron algún gesto de sorpresa.

—Lo divertido —explicó el senpai— no se opone a lo serio. Lo contrario de *divertido* no es serio sino *aburrido*.

—Así es —afirmó enfático Alberto.

—Por eso el aprendizaje puede ser divertido y serio a la vez. Lo que no debe ser nunca es aburrido.

»Porque aprendemos más cuando estamos pasándolo bien, y la creatividad se nutre de la novedad del juego, de la inventiva…, del buen humor.

»Avanzarás a tu propio ritmo, con tu propio estilo y a tu manera, divirtiéndote…, porque no se trata de una competencia. Con quien compites, en todo caso, es contigo mismo. Por eso, la travesía está diseñada para que la disfrutes y logres lo mejor de ti.

»¿Alguna pregunta, aparte del entusiasmo por la diversión que muestra nuestro joven amigo?»

Hubo sonrisas. Todos negaron con la cabeza.

—El quinto ingrediente, que enlaza con el primero y con los demás, es la participación activa de cada uno de nosotros.

»Usa tu imaginación. Plantea dudas y problemas a nuestro querido sensei. Ensaya. Experimenta. Inventa nuevas formas, prueba nuevos caminos. Quien hace siempre lo mismo suele obtener los mismos resultados.»

El senpai se detuvo nuevamente y observó con atención al grupo.

—En suma, es importante ser flexibles y creativos: a veces es conveniente buscar cosas nuevas. Pero también descubrirás que no todo lo nuevo es mejor, ni todo lo viejo es desechable. No hay una herramienta que sirva para todo, y para todas las personas.

El estudio es una ocasión apropiada para compartir experiencias, para discutir diversidad de enfoques.

—Vaya, son unos cuantos requisitos —dijo Victoria.

—Hmm. Pero asumibles —apuntó Mari Carmen.

—Estas actitudes básicas —continuó el senpai—, son la marca de toda persona que desee progresar en el conocimiento. Y, en particular, en su autoconocimiento.

»Verán que hay, además, otros puntos importantes, desde el lado del sensei y el mío. Como también por parte del lugar donde os encontráis, más allá de nuestros amigos los bambús.»

Todos miraron alrededor. Por algunos resquicios entre el tupido bosque de bambús se alcanzaban a ver, más allá del camino que lo atravesaba, algunas secciones del Templo del Conocimiento. Al fondo, las lejanas montañas de cumbres nevadas.

—En todo momento os encontraréis en un ambiente seguro, que espero sea de vuestro completo agrado… Os garantizo un respeto absoluto a la personalidad, los intereses y la confidencialidad de todos. Contaréis con el apoyo que necesitéis, de modo que cada participante pueda saber en todo momento cómo está progresando, incluidas las tareas que necesite o desee hacer.

»Tanto el sensei como yo, cada uno desde su posición, tenemos experiencia en esta travesía, pero sobre todo somos amantes de lo que hacemos y aprendemos cada día. Estamos dispuestos a proponer y recibir temas de análisis y discusión, a escuchar, a replantear, a considerar conjuntamente conceptos, situaciones y problemas.»

El senpai permaneció unos segundos en silencio.

—¿Algo que comentar?

—Por mí parte, todo claro —dijo Alberto.

—También por la mía —afirmó John.

El senpai miró a las tres mujeres.

—Sí —dijo sin titubeos Mari Carmen.

Antonella y Victoria asintieron.

—Muy bien, entonces —concluyó el senpai—. Os dejaré a solas un rato para que exploréis el terreno y el Templo, si queréis. Y también para que os conozcáis un poco, si queréis establecer contacto entre vosotros, por supuesto.

»Yo estaré en aquella estancia tras el bosque de bambús —señaló hacia la parte occidental del jardín—. Si requerís de mí, será un placer atenderos. O, en cualquier caso, cualquiera de mis compañeros —hizo un amplio gesto en dirección al recinto del Templo— os atenderá con sumo gusto si deseáis hacer cualquier pregunta.

»Disfrutad del lugar y sed bienvenidos. En un rato nos reuniremos con el sensei.»

Preámbulo

Shikoku, 17 de febrero

La diferencia entre lo que hacemos y
lo que somos capaces de hacer resolvería la
mayoría de los problemas del mundo.

M Gandhi

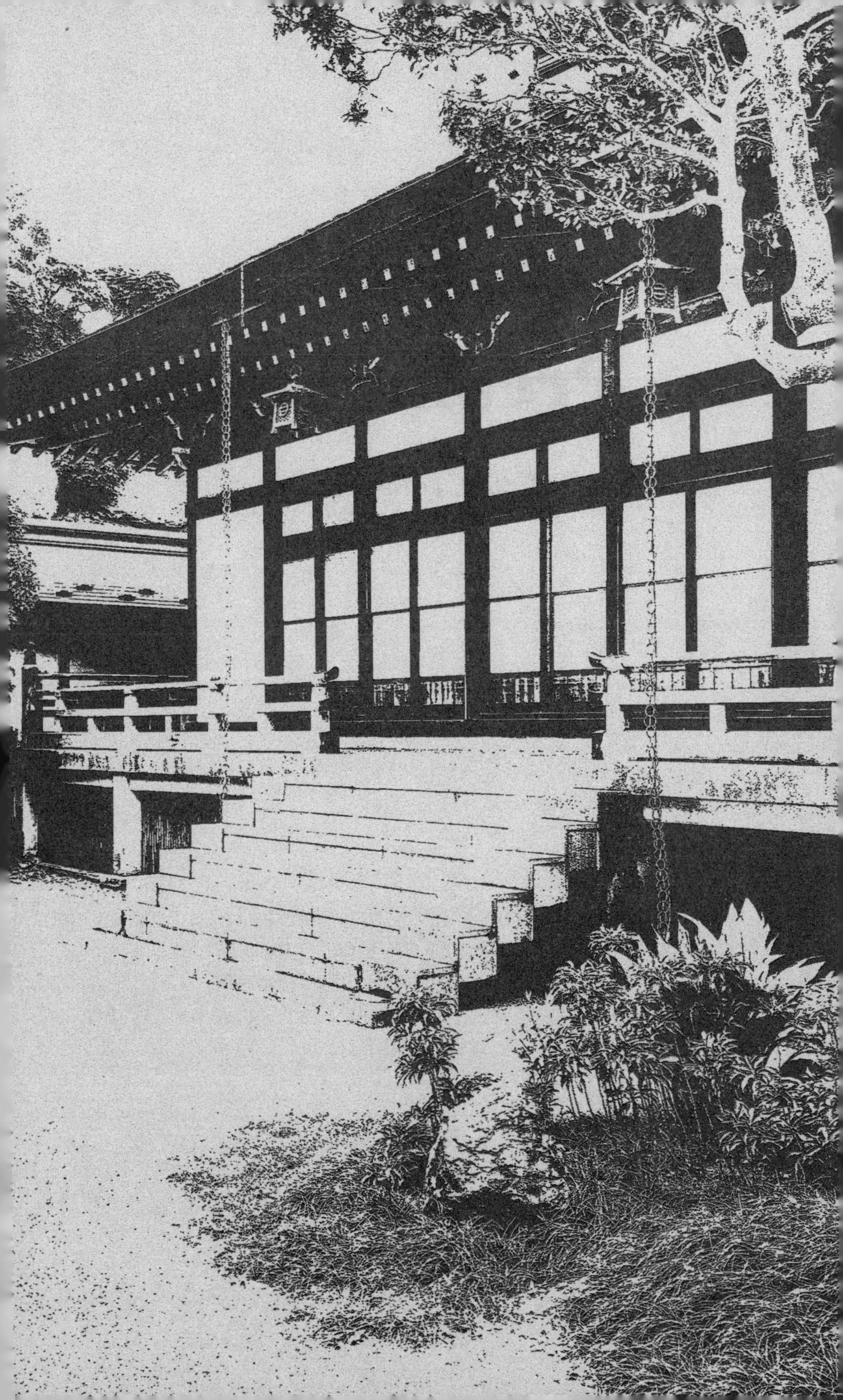

Preámbulo

Exterior del Templo del Conocimiento

El día había amanecido especialmente frío. Hacía casi un mes que las duras inclemencias del invierno habían cobrado más intensidad en aquellas cumbres al noroeste de Shikoku.

El senpai Takashi sabía exactamente cuál era su cometido diario, poco después del amanecer, tras concluir la primera hora de estudio matinal.

El sensei era muy exigente con la limpieza en todo el complejo del Templo. No solamente en el interior sino también en el perímetro externo. Algo que Takashi había asumido para sí prácticamente desde su llegada, hacía pocos años.

La nieve acumulada con cadencia lenta e incesante desde la tarde anterior y durante toda la noche había formado un compacto muro blanco ante la puerta principal, tan grueso que cualquier observador podría haber dicho que la edificación estaba deshabitada. La realidad del Templo era todo lo contrario. Y sus puertas, en palabras del sensei, debían «permanecer siempre abiertas».

—Nunca se sabe quién puede necesitar entrar en cualquier momento —le había oído decir Takashi en cierta ocasión.

—Uno de nuestros deberes —le había encargado personalmente— es mantener contacto con las personas, querido senpai. Seguiremos debatiendo y recitando nuestros *sutras* por la paz y la armonía del mundo, pero también debemos aprender de otros seres humanos, así como ellos probablemente puedan aprender de nosotros.

Puerta de entrada y camino despejados y limpios. Algo que Takashi siempre tenía presente y se esmeraba por cumplir.

Pero esa mañana la tarea era algo más dura. Para que la espesa masa blanca caída del cielo estuviera proporcionalmente distribuida a ambos lados de la entrada, haría falta un esfuerzo algo mayor de lo acostumbrado. El palmo y medio de nieve acumulada en el suelo lo atestiguaba, por lo que había pedido ayuda a sus compañeros.

Dos de los kohais más jóvenes trabajaban retirando la nieve cuando Takashi, unido también a la tarea, musitó:

—Nos llevará un par de horas dejar toda la zona libre… —miró el encapotado cielo por encima de las montañas al norte del valle—. Si es que no empieza a nevar de nuevo, lo que de ningún modo parece descartado.

—¡Senpai! ¡Senpai! —la voz provenía del interior del recinto, pero fuera del área más restringida del Templo.

Takashi, todavía tratando de pronosticar la evolución de las oscuras nubes, se giró en dirección de la voz.

—Senpai —dijo por tercera vez un kohai muy joven, acercándose presuroso—. Te ruego me disculpes, senpai.

Takashi sonrió al joven aprendiz, que apenas acababa de salir de la adolescencia.

—Dime, Ahiro, ¿qué ocurre?

—Me ha llamado el sensei hace un momento. Dice que te encuentres con él en la biblioteca.

—¿El sensei quiere verme?

—Eso me ha dicho. «Con celeridad», ha recalcado.

—¿Te ha dicho la razón?

—No, sólo que te avisara. Sabía que estarías aquí apartando la nieve.

—Gracias. Voy enseguida. Mientras, quédate ayudando a tus compañeros. Hay mucha nieve que apartar.

—Desde luego, senpai. Las puertas del Templo deben permanecer siempre abiertas.

Takashi dirigió una sonrisa a Ahiro. Le gustaba la actitud de aquel muchacho.

—Es lo que una vez me dijo el sensei —añadió como explicación.

—Veo que escuchas y retienes, lo que es importante.

—Gracias, senpai.

Takashi, contento de contar con jóvenes como Ahiro en el Templo, se internó en el recinto. Era un tanto inusual que el sensei quisiera verle a esas horas de la mañana. Después de los *sutras* matutinos, normalmente se dedicaba a leer y meditar durante un par de horas. Alguna razón debía haber para alterar su hábito.

Recorrió con presteza los casi cien metros que separaban la puerta de entrada del Templo y la biblioteca. A la mitad del pasillo hacia esta última sintió un leve estremecimiento que, desde la base de la espina dorsal, le recorrió el cuerpo hasta la cabeza, erizándole suavemente la nuca. Solo un instante después, sintió una especie de energía súbita y cálida, a pesar del frío matutino. Takashi sonrió para sí. La comunicación que estaba a punto de recibir sería positiva.

Preámbulo

Interior de la biblioteca

El recinto de la biblioteca era un amplio espacio circular repleto de libros de todas clases, antiguos y modernos, volúmenes de variada encuadernación, láminas grabadas envueltas en telas de diversos colores, tablillas de madera, corcho o cerámica, hojas exquisitamente decoradas y manuscritos de todas clases, que compartían anaqueles con libros occidentales de diversos formatos, todo en perfecto orden. Un tesoro de sabiduría universal que nadie hubiera imaginado en aquellas montañas, y que podía competir en riqueza y variedad con muchas otras bibliotecas del mundo. En un pequeño espacio anexo al perímetro de la ancha estantería se hallaba lo que podía considerarse el despacho personal del sensei: un austero escritorio sin una mota de polvo en su pulcra superficie.

La biblioteca estaba en el punto más occidental del Templo del Conocimiento, adyacente al bosque de bambús, al que daba acceso a través del vestíbulo posterior. El sensei solía traspasar esa otra puerta, construida de madera de bambú proveniente del bosque, para salir a pasear o a meditar o, incluso a veces, a charlar con los compañeros que deambulaban por sus senderos. Desde fuera, en un punto cercano al centro del jardín, se podía atisbar esa otra entrada a la sede de infinito conocimiento. Era un lugar relajante y acogedor, aun bajo aquel frío invierno de Japón.

Takashi recorrió el amplio pasillo a lo largo de las estanterías de su derecha hasta llegar al despacho del sensei. Este tenía ante él unas limpias cuartillas en las que escribía en silencio, con exquisita caligrafía. Al frente, extendido sobre el escritorio, un manuscrito de apariencia antigua. Algunos de los documentos que albergaba la biblioteca databan de varios siglos de antigüedad. Al ver que el sensei no levantaba la mirada, Takashi aguardó pacientemente. Reparó en unas hojas de té esparcidas en un extremo de la mesa. Junto a ellas, una taza que, desde su posición, no apreciaba si estaba llena o vacía.

«No hay nada que no puedas hacer, nada que no puedas alcanzar, si te lo propones desde el ser.»

El sensei revisó lo escrito en diversos idiomas a partir de los elaborados caracteres *kanji*. Con aire de satisfacción, apartó su atención del escritorio y miró a Takashi.

—Buenos días, mi querido senpai. ¿Cómo has amanecido hoy?

—Bien, sensei, gracias… —Takashi respondió con una ligera reverencia, que el sensei repitió desde su lado de la mesa. Al cabo de un segundo, el senpai repuso—: Creo que me has mandado a llamar.

Takashi estaba acostumbrado a hablar con el sensei, pero la escena que tenía ante él le resultaba ahora ligeramente singular, como con un aire distinto a lo habitual. Quizá fuera solo una impresión.

—¿Hay algo que te perturbe, querido senpai?

El rostro de Takashi difícilmente habría revelado nada a un observador menos perspicaz.

—No, maestro… He tenido la sensación de algo diferente, nada más.

—Bien —el sensei sonrió—. Tus sentidos no sólo te ayudan a percibir lo que es obvio, sino también a intuir lo que parece escondido.

El sensei lo observó ahora con una mirada profunda, como si quisiera transmitirle algo. Por fin, tras un intervalo que a Takashi le pareció infinito, añadió:

—Querido senpai… Es el momento. Ha llegado la hora de que conozcas algunas claves más que te servirán como hilo conductor a lo largo de tu vida. Para ello necesitarás de compañía en el viaje.

A Takashi se le iluminó el rostro. Lo que acababa de oír corroboraba la impresión que había tenido en el pasillo mientras se acercaba a la biblioteca.

—Serán cinco las personas, continuó el sensei. Ellos te ayudarán a encontrar más respuestas. Todo lo cual nos ayudará también a todos a continuar nuestro camino, claro está.

—¿Cuándo será esto, sensei? —Takashi intentó que su voz no transmitiera una exagerada satisfacción por haber acertado en su corazonada.

—Eso dependerá de tu audacia y de tu ingenio para encontrar a las personas adecuadas.

—… ¿Y dónde ocurrirá?

—¿Se te ocurre mejor lugar que este, mi querido senpai? El valle y las montañas que nos rodean proveerán de todo lo necesario… Es una tarea que requerirá un cierto tiempo, meditación… y sabiduría. Recuerda que no solamente tienen que ser las personas adecuadas. También deberán querer venir hasta nosotros.

El senpai sabía que cada cierto tiempo el Templo del Conocimiento recibía estudiantes de fuera, pero ello nunca había sucedido durante los años que llevaba allí. Sabía también que esas personas podían provenir de cualquier parte del mundo. Lo que no había imaginado es que sería él, Takashi Miyayima, senpai de aquel Templo enclavado en las montañas de la isla de Shikoku, quien se encargaría de invitarlas. Todavía no sabía cómo. Decidió que empezaría a pensar sobre ello tan pronto terminara de recibir la encomienda.

—Será un honor para mí realizar este trabajo, sensei. Estoy convencido de que llegarán las personas adecuadas.

—Que así sea entonces, querido senpai.

Antes de la travesía

Si quieres construir un barco, no empieces por cortar maderas y distribuir el trabajo, sino que, primero has de saber evocar en los hombres el anhelo del mar libre y abierto.

Antoine de Saint Exupéry

Río de Janeiro,
finales de febrero

Antonella

Parecería poco comprensible que un caluroso día de sol previo a la esperada noche del carnaval de Río, con el jolgorio incontenible que empieza a extenderse por las calles desde tempranas horas de la víspera, pudiera ser para alguien un día plomizo y gris como el asfalto de la calle que veía Antonella desde su ventana. Precisamente ella, siempre dispuesta para la música y el baile.

Sobre el trasfondo de la algarabía que ya se oía en todas partes y que era solo un adelanto del frenesí que inundaría esa noche la ciudad, Antonella se preguntaba, precisamente ahora, qué sentido tenía su vida. En contraste con la luz del mediodía que llenaba su pequeño piso penetrando a raudales por la ventana abierta de par en par, su alma se sumía en la penumbra. Estaba atravesando otra de sus crisis existenciales o, más bien, el episodio más reciente de una crisis no resuelta.

Su origen, en esta ocasión, había sido el comentario, sin duda bien intencionado, de un amigo no mucho mayor que ella, hacía poco tiempo. Había olvidado las circunstancias exactas, lo que prueba que casi podrían calificarse de casuales, pero esas palabras no habían dejado de rondar por su cabeza, sobre todo en sus horas más solitarias:

—¿Hasta cuándo vas a ser una observadora de lo que pasa a tu alrededor? ¿Cuándo te decidirás a ser protagonista de tu propia historia?

En ese momento había respondido con una sonrisa —eso sí lo recordaba—, sin pensar que la idea fuera a calar tan hondamente en su interior. Pero días más tarde se encontró a sí misma dándole vueltas, y cuanto más pensaba en ello, más incómoda se sentía. No sabía si esa incomodidad surgía de sí misma o era resultado de su relación con los demás, o era la suma de las cosas que la rodeaban, por otra parte del todo habituales.

No era el lugar donde estaba, ni las personas que la rodeaban, la causa de su angustia. Le gustaba Río, su ciudad. Tenía muchos amigos y amigas, y se sabía querida por sus padres. Era algo en ella que le hacía pensar que cuanto hacía —más bien, cuanto *no* hacía— la mantenía en un estado de inercia carente de sentido, como aprisionada en su propia vida. En cierto modo se sentía paralizada, a ratos vacía. Como si viviese en fragmentos, en ocasiones reía y compartía con los demás. Parecía feliz, compenetrada con su mundo, sus amigos y sus cosas. Pero a veces se despertaba con la sensación de estar viendo su vida desde fuera, como quien contempla un cuadro, como mera espectadora.

Entonces imaginaba que veía su vida como en una película y se quedaba dormida en la sala de cine mientras la cinta continuaba. Al terminar, cuando la gente sale comentando las escenas y la trama, a ella le quedaba la impresión de no saber si había entendido lo que había visto, pensando que tal vez tendría que retomar la historia donde la dejó, o empezarla de nuevo o, simplemente, dejarla ir. Comparaba sus momentos de mayor lucidez con la sensación de la ducha matutina al despertar. Reconforta mientras la recibes, pero al cabo de un rato la sensación se pierde y te encuentras nuevamente empapado por el calor húmedo de Río.

Sabía que necesitaba de algo, o alguien, a que aferrarse. Quizás conocerse mejor para poder salir de esa mismidad sin sentido y empezar a protagonizar su propia vida…, como le había dicho su amigo y ella misma se había planteado tantas veces en su no muy lejana adolescencia. Entonces cogía un libro y leía al azar. En ese momento abrió el poema de Cavafis que tantas veces le había recitado su abuela materna con ese sutil acento remanente de su ascendencia griega, ese algo indefinible en el hablar que en Brasil llaman *sotaque*, cuyo origen no todo el mundo lograba discernir:

Si vas a emprender el viaje a Ítaca,
Pide que tu camino sea largo,
Rico en experiencias, en conocimiento…

Que numerosas sean las mañanas de verano
En que, con placer, arribes a bahías nunca vistas…

Mas no apresures tu viaje.
Mejor es que en tu vejez llegues a la isla
Con cuanto hayas ganado en el camino.

Experiencias, conocimiento… Justamente lo que sentía que necesitaba. Estaba en un viaje, sin duda. El viaje de su vida. Pero sin saber adónde la llevaba. Y no pensaba que hubiera ganado nada en el camino.

De pronto oyó que tocaban a la puerta, pero permaneció sentada ante el libro abierto. Volvió a sonar el timbre. Había esperado que se fuera el inoportuno visitante, pero esta segunda vez había repicado dos veces, con insistencia. De todos modos, ya la había sacado de su lectura.

Por la mirilla vio al joven cartero del que siempre intentaba escabullirse. Era simpático, pero a veces lo encontraba demasiado conversador. Alcanzó a oír su tarareo tras la puerta:

Olha que coisa mais linda,
Mais cheia de graça
É ela menina
Que vem e que passa…

Antonella se pasó la mano por el ensortijado pelo. Dudó un segundo, pero al fin se decidió a abrir. El joven que aguardaba con su uniforme impecable y sus ojos de un curioso color verde como el mar a cierta hora del atardecer, exclamó con su sonrisa que ya le era familiar:

—¡Ah, estás en casa…! —siempre la tuteaba, pero se le sentía natural, quizás porque no era mucho mayor que ella—. ¿Te preparas para el carnaval de esta noche?… En fin, te traigo algo diferente. No son facturas, que es lo más habitual por aquí. Alguien te escribe —pareció titubear antes de atreverse a añadir—: Y por el envoltorio debe ser de muy lejos. Trae muchos sellos.

A veces le incomodaba la confianza que el joven cartero mostraba con ella. Le rehuyó la mirada como si temiera ver su propia alma reflejada en el verde de sus ojos. Sintiendo un ligero rubor que esperó que no fuera demasiado apreciable en sus atezadas mejillas, Antonella tomó el mullido pero liviano sobre de color rojo. Tras cerrar la puerta, comprobó que no indicaba el remitente. Lo abrió. En el interior había un mensaje que empezaba:

> *Quien desee descubrir los secretos de la vida, el tiempo, el amor y la muerte, ha de realizar un viaje al interior de su alma.*
>
> *¿Estás dispuesta a iniciarlo?*

METROPOLIS

Madrid, principios de marzo

Alberto

Todavía tenía el estribillo en la cabeza. Después de la larga noche de fiesta que, para él, duró hasta después que finalizara la última canción, Alberto miró el reloj para comprobar lo que la tenue luz de la mañana ya le hacía ver. Estaba amaneciendo.

Las seis y media. Con el escalofrío del amanecer de los últimos días del invierno, se levantó de la parada de autobús en la que se había sentado hacía ya rato tras salir de la última discoteca. No quedaba ninguno de sus compañeros a su lado. Ni tampoco había señal de autobús. Miró el cielo una vez más y decidió irse a pie.

Se subió el cuello de la chaqueta. Al mirar hacia abajo buscando el cierre de la cremallera, se vio la camisa. No recordaba si era ese exactamente su color el día anterior. Había sido una larga noche de diversión, con muchos amigos y amigas que, poco a poco, al avanzar la noche o empezar el día, se habían ido dispersando. Definitivamente, había sido una gran noche, cuyos vapores empezaban a disiparse en su cabeza, sin duda ayudados por el frío de la calle.

Se acomodó mejor la pequeña mochila a su espalda y ya iniciaba el camino a su casa cuando de pronto oyó una frase que le recordó las cosas que solía decir su padre:

—No parecía que pudiera ser mejor, y mejora. ¿Qué más puede pasar?

Repitió en voz baja, mecánicamente, la palabra *mejor* en el instante en que vio a una atractiva chica vestida de anime, esos dibujos de animación japoneses que él conocía bien, ofreciendo en la puerta de la discoteca a los escasos rezagados que aún quedaban, los que parecían ser unos volantes.

Al acercarse sin dejar de mirar a la chica, pudo ver que lo que ofrecía eran entradas —según oyó, las últimas— para la gran convención de manga que se celebraría pronto en Japón. Observó incrédulo las hojas en la mano de la muchacha. No le pareció muy normal que alguien estuviera en Madrid en medio de la calle, al amanecer, con disfraz de anime… Y que ese alguien fuera una chica tan bonita.

Tres de los previstos participantes no podrían acudir porque acababa de fijarse la fecha para las pruebas de oposición a no sabía qué (a Alberto le pareció oír que para el cuerpo de bomberos), lo que descartaba su viaje a Tokio. Lo dedujo de la conversación que la joven disfrazada sostenía con un individuo más o menos de su edad que parecía ser su compañero de trabajo, y que se dirigió a una furgoneta parada junto a la acera.

Alberto se acercó a la joven

—Disculpa. Esos billetes…

—Son invitaciones —la joven le repitió justo lo que acababa de oír, casi poniéndole una de las papeletas en la mano.

—¿Te interesa?

—Sí… Desde luego.

Casi no podía creerlo. Miraba con los ojos como platos las hojas de papel impreso que le ofrecían nada menos que la posibilidad de ir a Japón. ¡Su sueño hecho realidad!

Ya con la invitación en la mano, no esperó un segundo más. Echó otra mirada a su reloj y llamó a su padre. Total, no lo iba a despertar. En ese momento debía de estar saliendo para la tienda.

—Papá, sabes que nunca te pido nada…, pero hoy me acordé de ti muy temprano, y de esas cosas que a veces dices de las casualidades de la vida y de cómo pueden mejorar las cosas de manera inesperada. Incluso las que ya son buenas… ¿Y sabes qué? Tienes razón. ¡Acabo de comprobarlo!

Tragó saliva antes de soltar la gran noticia:

—Hay un viaje a Japón que creo que me cambiará la vida. Pero no me llega la pasta para ir. Estaba ahorrándola, pero las cosas se han precipitado… Es un préstamo lo que te pido. ¡Te lo devolveré!

—¡Alberto, hijo!… —sonó la voz al otro lado—. Pues sí, ¡vaya una casualidad…! Y no sé qué habrás tomado anoche o dónde estarás. Pero mira…, cuenta con el dinero —su padre hizo una pausa, mientras Alberto no podía creer que le hubiera resultado tan fácil—. Y no tienes que devolverme nada. Con una condición: yo voy contigo.

—… ¿En serio, papá? ¿Qué vas a hacer tú en una convención de manga? Ni siquiera sabes quién es Naruto.

—No sé quién es el… *¿Naruto?*… ese que pinta mangas o lo que sea que haga. Pero esa es mi condición. Tengo prevista una visita a Japón desde hace tiempo. Tú lo sabes. ¿Ves lo que digo siempre de las coincidencias? Piénsalo.

—¿Pensarlo? ¡Tengo la invitación en la mano!

—Entonces decídete, que no tengo mucho tiempo. Tengo que abrir la tienda.

—Está bien, está bien. ¡Hecho! Vamos los dos.

Londres,
21 de marzo,
Fulham Road, 08:25 horas

John

Lugar de origen: Sudáfrica

John miraba el reloj con cierto nerviosismo. Debía estar a las nueve de la mañana en la puerta de la sede del Parlamento.

«Le agradecemos su puntualidad, Mr. Smith», fue casi la única indicación, aparte de que al identificarse no olvidara referir el nombre de su padre, Lord Phillip Smith, que le transmitió la agradable voz femenina al otro lado del teléfono. No se había identificado, pero seguramente era la nueva secretaria de algún alto cargo del partido conservador británico, al que había pertenecido su padre durante más de cinco décadas.

Hasta entonces creía que los asuntos de Estado, de los que nunca quiso saber nada, por fin habían desaparecido de su vida hacía ya tiempo. La mujer no le había dicho quién requería su presencia, ni para qué…, pero estaba seguro de que sería algo que tuviera que ver con su padre. «Un asunto confidencial», había dicho… ¿Cómo demonios se habían enterado de que se encontraba en Londres?

El lujoso reloj de su muñeca marcaba las 8:40. El tráfico en el centro de Londres era terrible. Algo que no había cambiado desde la última vez. Volvió a preguntarle al conductor del taxi:

—Disculpe, ¿cree que llegaremos a Westminster antes de las nueve en punto?

—Puede ser, señor —contestó con característico acento el taxista paquistaní—. Es posible que más adelante se aclare un poco el panorama. Hora punta, ya sabe.

—Sí, ya sé. Hora punta —repitió John para sí mismo. No era precisamente entusiasta de la gran urbe a la que había llegado por vez primera con cinco años de edad, a la que volvió siendo adolescente para estudiar por decisión de su padre, en la que se vio obligado a permanecer hasta terminar los estudios, lejos de su natal Sudáfrica, para él su país. Siempre que le venía a la cabeza aquel maravilloso trozo del planeta, se acordaba de Melissa. ¿Qué habría sido de ella?… Hacía ya más de veinte años.

John había sido, como suele decirse, la oveja negra de la familia. Padre y abuelo devotamente dedicados a la política, miembros ambos de los *tories*. Su padre, Lord del Imperio Británico condecorado por sus contribuciones al país, había aceptado durante el gobierno de Edward Heath hacerse cargo personalmente de la delegación de Asuntos Exteriores en Sudáfrica. Desde hacía varias legislaturas, el gobierno de Sudáfrica se alejaba cada vez más de la política británica, en una época en que los descendientes de los bóeres parecían tener la sartén por el mango, y además estaba el asunto del *apartheid*, razones todas por las que Phillip Smith aceptó salvaguardar los intereses británicos en Pretoria. Quince días después, junto con su entonces ilusionada esposa y su primer hijo de diez años, Lord Phillip bajaba del avión militar del ejército del Reino Unido. Un año después nacería John.

La vida en Pretoria para el segundo hijo del lord británico habría parecido a cualquier niño de su edad un cuento de hadas. Una casa inmensa con dos decenas de empleados yendo de un lado a otro por las diversas estancias, una educación en el mejor colegio privado, británico, desde luego, y por supuesto conservador. Estudio de lenguas clásicas e idiomas modernos. Música, esgrima…, todo tipo de actividades culturales, sin un minuto de ocio no programado. Todo calculado para que John, algún día, secundara a su hermano en la elección de una lucrativa profesión liberal, ayudado por el hecho de que su padre tenía todo tipo de contactos, si es que no prefería enrolarse también él en el partido y dedicarse a la política.

Contrariamente a lo previsto, una de esas calculadas actividades educativas, el piano, fue el punto de partida que lo llevó a interesarse por las artes escénicas. Allí comenzó su alejamiento de los planes de la familia. Su amor con Melissa, la encantadora chica del grupo de teatro popular, culminó en el choque decisivo con su padre que, a la larga, determinó la vuelta de John a Londres y, posteriormente, cuando ya fue demasiado tarde, su extrañamiento definitivo de la familia. Esta vez por decisión propia. Teatro y amorío con una joven sudafricana de color. Pocas cosas en el mundo habrían podido disgustar más a Lord Phillip que esas dos locuras juntas en la persona de su hijo.

—Estamos llegando, señor —la voz del taxista devolvió a John a las concurridas calles londinenses—. Al final, estamos a tiempo. Ya le dije que el tráfico se despejaría.

Salió del taxi y se dirigió a la puerta de entrada. En el control, el policía le indicó que su destino era un poco más abajo, en la entrada sur del recinto. Fue hacia allí preguntándose por enésima vez de qué trataría aquello: la inesperada llamada, la cita, la ausencia de explicación… Puerta sur… Aquí. John miró a su alrededor. Muchas personas iban de un lado a otro, nada que no fuera lo habitual de un día cualquiera en los alrededores de Westminster. No parecía haber nadie esperándole. Se disponía a entrar cuando oyó una voz a su espalda:

—¿Mister Smith?…

Se giró esperando encontrar a un hombre trajeado y elegante, como era habitual en los medios gubernamentales pero, para su sorpresa, la pregunta venía de un delgado muchacho, casi un adolescente, montado en bicicleta.

—… ¿Sí? —respondió John desconcertado.

—Quizá esperaba a otra persona —dijo el joven—. Me dijeron que esa es la cara que pondría al verme.

John miró otra vez a uno y otro lado. El chico, vestido con un sencillo pantalón y una camisa bastante pegada al cuerpo, parecía inofensivo. Mantenía las manos apoyadas en el manillar de la bicicleta, como aguardando algo. Dudando todavía, John repuso:

—Me dijeron que, cuando oyera mi nombre, yo a mi vez, debía nombrar a Lord Phillip Smith. —Hizo una pausa, y al final añadió—: Mi padre.

—Sí, eso mismo me han dicho que diría —respondió el muchacho, que seguía apoyado en su bicicleta.

El joven, por fin, alargó la mano hacia la pequeña mochila que llevaba a la espalda. John, que aún no sabía de qué se trataba todo eso y tampoco sabía qué esperar, se dispuso mentalmente a defenderse o a huir, lo que hiciera falta. Sus estudios habían incluido artes marciales, pero sabía bien que la mejor pelea es siempre la que se evita. No quitó la mirada de la mano del muchacho, que sacó un sobre lacado de color rojo, sin ninguna inscripción en su exterior. Se lo alargó a John.

—¿Quién te envía? ¿De quién es?

—Solo sé que debo entregarle este sobre. No sé lo que hay dentro. Me lo dio un hombre de rasgos asiáticos, junto con su descripción física. Debo irme.

—¡Espera!

Por toda respuesta, el muchacho dio la vuelta y se alejó en la bicicleta. John observó el sobre sin saber qué pensar.

Veamos…, se dijo al cabo de unos minutos. Palpó el sobre y lo abrió. En su interior había una hoja de papel, más gruesa de lo normal y bellamente ilustrada, con unas inscripciones en japonés. Estaba acompañada de un mapa y otro escrito, esta vez en su idioma:

Quien desee descubrir los secretos de la vida, el tiempo, el amor y la muerte, ha de realizar un viaje al interior de su alma.
¿Estás dispuesto a iniciarlo?

Y debajo:

Templo zen, isla de Shikoku, Japón: 21 de junio.

El mapa parecía indicar donde se encontraba el Templo. *Dentro de tres meses*, se dijo John. Se apoyó en una de las barandas que rodea el palacio de Westminster y releyó el escueto texto varias veces. *Japón…*, dijo al fin. Lo que tantas veces había deseado parecía haberle sido concedido.

New York City,
finales de abril

Victoria

Era un viernes infernal. Nada podía ir peor. El gran jefe presionaba por la inminente salida a producción del proyecto, que tenía tres semanas de atraso. Todo debía estar operativo el lunes, la última fecha acordada después de dos arduos años de trabajo. Y la gente del equipo no cesaba de preguntarse cuándo terminarían. Todos, hasta el grupo de élite, querían acabar de una vez y salir de vacaciones. Victoria había oído los comentarios en voz baja, al pasar junto a ellos, unas cuantas veces durante las dos últimas semanas.

En cambio, ella… ¿cómo iba ella a pensar en vacaciones en este momento, cuando el resto de la vida profesional que se había forjado con tanto esfuerzo dependía de esta salida a producción?… ¡Y con el jugoso cheque que le esperaba!… Por el contrario, su afán por terminar no era para nada comparable al deseo que compartía el equipo multidisciplinar a su cargo: para ella, este era el último escalón que la separaba de la meta por tanto tiempo anhelada: directora ejecutiva global del departamento clave de la gigantesca multinacional.

Al fin, ¡la dirección general de operaciones! No puedo esperar a ver la cara que ponen mis antiguos compañeros cuando se enteren de mi ascenso. Prueba indiscutible de la extraordinaria relevancia de mi trabajo. ¡Y de mi valor para la empresa!

Por enésima vez revisó sus llamadas telefónicas. Quizá ya había respuesta del responsable del seguro… No. Por lo que veía, hacía una hora y media que no se había conectado. Tal vez también se había ido a la playa. Hay gente que no entiende del todo su responsabilidad…, ni la repercusión de sus actos.

Su secretaria no cesaba de interrumpir su tarea intercalada de tales cavilaciones con llamadas y mensajes que, en este momento, carecían de importancia. Su marido la había llamado tres veces, una detrás de otra. Para colmo, su hermana, que nunca llamaba, también figuraba en la lista de llamadas.

Otro mensaje insignificante de su secretaria. El cuarto en solo diez minutos. No pudo más. Fuera de sí, salió del despacho:

—¿Hasta cuándo me vas a interrumpir con mensajes inútiles? —le espetó a la sorprendida mujer—. ¿No ves que estoy en medio de un asunto importante? —Y añadió con un deje de orgullo que no quiso contener—: De mí dependen en este momento varios cientos de millones de dólares… —La miró fríamente—. Y ¿sabes qué?… También tu puesto de trabajo.

Acababa de decirlo. Así que remató, sin tapujos:

—Igual me da si no apareces el lunes, cuando el proyecto esté terminado. Y, desde luego, olvídate de cualquier recomendación.

A pesar del torbellino de furia incontenida que parecía Victoria en ese momento, la secretaria se atrevió a decir en voz baja:

—Solo quería decirle que acaba de llamar su marido otra vez, su hermana, y también su madre. Dijeron que su padre acaba de fallecer. Lo siento.

Su vida se detuvo por un instante. Por su cabeza pasaron todas las opciones posibles. En menos de un segundo se vio vociferando una vez más a la secretaria que no tenía tiempo para nada que no fuera el maldito proyecto. Todo lo demás podía esperar… ¡Hasta la muerte de su padre!… La imagen que acababa de pasar por su mente la dejó estupefacta… ¿Por qué tenía que pasar esto ahora?… La otra cosa que podía hacer era salir de la oficina abandonando el proyecto en el que había invertido cada minuto de los últimos dos años, para recorrer los ciento cincuenta kilómetros que la separaban de la casa familiar donde yacía su padre, ahora muerto, al que no había visto, como al resto de su familia, desde hacía más de un año. El trabajo la había absorbido de tal manera que no había tenido tiempo para nada ni para nadie, incluidos su marido y sus dos hijos. Tampoco para su padre.

Lo único en lo que había pensado en los últimos tiempos, lo único que le importaba ahora, era la culminación exitosa del proyecto, que le aseguraría su tan ansiado ascenso.

Tras un intervalo en el que se quedó mirando al suelo como si fuera a abrirse bajo sus pies, al fin repuso:

—Llama al chófer y que me lleve a casa de mi madre.

No sabía exactamente qué pensar mientras veía pasar la ciudad a través de la ventanilla trasera del lujoso vehículo. Su padre había muerto. Cualquier cosa que ella pudiera hacer ahora sería inútil. Decidió ponerse a lo único que sabía: abrió su agenda y reorganizó sus actividades inmediatas. Respondió algunos correos y envió instrucciones sobre qué hacer en su ausencia, mientras la voz de Liza Minelli sonaba apagada en la radio del coche.

Money makes the world go around,
the world go around, the world go around;
it makes the world go 'round.

A mark, a yen, a buck or a pound;
a buck or a pound; a buck or a pound…

[El dinero hace girar el mundo,
girar el mundo, girar el mundo;
hace girar el mundo.

Un marco, un yen, un dólar o una libra,
un dólar o una libra; un dólar o una libra...]

Money... —repitió para sus adentros— ¡Qué ironía!... Lo único que había ocupado su mente en los últimos años. Eso y el reconocimiento que esperaba. Pero el poderoso y polifacético dinero no podía deshacer lo sucedido.

El teléfono repicaba sobre la lejana música de fondo. Decidió dejarla sonar. Que se sumara al aluvión de cosas que la rodeaba. Al fin y al cabo, era un componente más del mundo, como la salida del proyecto a producción. Así, pues, que saliera el proyecto, que fuera un éxito, con su presencia allí o sin ella.

Al llegar a casa de sus padres, encontró a su madre y su familia, entre los que reconoció a algunos que no veía desde hacía mucho tiempo, como esperaba que estuviesen: en una atmósfera silenciosa y compungida, como se encuentra siempre la gente ante la muerte. A pesar de todo, no pudo evitar sorprenderse del cambio que opera ese súbito paso a lo trascendente a la vez que inevitable, y por primera vez cruzó por su mente la futilidad de sus afanes. Devolvió el saludo a un par de familiares, no sin dejar de percibir en algunos una cierta velada actitud de desdén, principalmente proveniente del núcleo más duro de la familia.

Su hermana se acercó a ella. De un modo torpe y casi ausente, como quien hubiera querido decir mucho con pocas palabras, le alargó un sobre grande:

—Te lo dejó papá —hizo una pausa—. Siempre fuiste su favorita. —Y de pronto, en un arrebato, como si fuera una característica de toda la familia, añadió—: La verdad, no sé por qué. —Y remató, quizás para aprovechar la rara oportunidad de hablar con ella, aunque fuera para hacerle un reproche mal disimulado—: Me he enterado de que tus hijos se van a vivir con su padre. Lo siento.

Era la primera noticia que recibía. Recordó las llamadas desatendidas de los últimos días. ¿Cuántas exactamente?… *Como los problemas financieros*, pensó Victoria. *Siempre arrastran dificultades adicionales. Y como en el trabajo, todo el que se acerca es para traer algún problema, nunca soluciones.*

Cogió el sobre como si no supiera qué otra cosa hacer y se encerró en la habitación más próxima. Fuera estaban quienes la censuraban y criticaban, de quienes se había alejado voluntariamente persiguiendo un sueño y una ambición que ellos no sentían o no eran capaces de entender. Y ahora tenía que verlos y compartir esos momentos difíciles. Al menos la circunstancia era tal que no intercambiarían muchas palabras. Bastante era ya lo hablado con su hermana. El sobre contenía una carta.

«Querida hija Victoria:

»Si tienes esta carta en tus manos, probablemente sea porque no hemos podido tener una última conversación.

»Voy a ser franco contigo. He visto como la familia que formaste se desmorona, y como tu madre y tu hermana se distancian de ti. Tus primos y amigos no entienden que tengas tiempo para poner fotos en tus redes sobre tus viajes y tus éxitos profesionales mientras no tienes tiempo para una relación de familia, ni aun para un saludo. Sin preocuparte de los demás, ni siquiera preguntar por nadie.

»Estos últimos años he tenido pocas noticias tuyas. Ya sabes que no pido mucho: me habría bastado una llamada telefónica de vez en cuando. Pero tampoco te has acordado siquiera del cumpleaños de tu madre, ni de tu hermana. Ni aun de tus hijos.

»Espero de veras que ese proyecto en el que estás trabajando sea tan importante como lo es tu propia vida. Yo, al igual que tú, tuve una gran pasión por mi trabajo hace ya muchos años. Ya sabes que, como marino mercante, viajé conociendo puertos y sitios diferentes.

»En uno de esos viajes en los que llegué a Japón tuve ocasión de visitar una de sus islas. Lee, por favor, el sobre que acompaña esta carta…»

Victoria miró otra vez el interior del sobre. En el fondo había uno más pequeño, de color rojo. Lo abrió y leyó el encabezado:

Quien desee descubrir los secretos de la vida, el tiempo, el amor y la muerte, ha de realizar un viaje al interior de su alma.
¿Estás dispuesta a iniciarlo?

Volvió a la postrera nota de su padre:

«Aquí mismo están las indicaciones de cómo llegar. No sé si te será fácil o no, pero si puedes hacer un hueco en tu atareada agenda para regalar este deseo a tu viejo padre, en la fecha indicada, ve a ese lugar. No es una condición de nada. Solo te lo pido como un favor, un recuerdo. Una última cosa que hagas por mí.

»Contigo, siempre.»

Seguía una sencilla indicación en un mapa. Sin quererlo, Victoria apretó con fuerza la hoja que tenía en las manos.

Quizá sentía la pérdida de su padre más de lo que ella misma imaginaba. Quizá era ella la que no entendía a su familia… O puede que en el fondo fuera consciente, a pesar suyo, y aunque no quisiera reconocerlo, de la intrascendencia última de sus ambiciones y proyectos, a los que se había aferrado desde que abandonó la casa paterna como si fueran lo único que existiera. O quizá acababa de caer en la cuenta de que sus hijos y su marido no volverían. Los había tenido tan cerca y a la vez tan lejos, como si hubieran estado en las antípodas.

Lo único que supo de cierto es que estaba sola. Desde hacía años. Tan sola como aquella habitación solitaria. De pronto reconoció la habitación que una vez fue suya, hacía ya tanto tiempo. Esta vez no pudo reprimir el llanto.

Sevilla,
principios de mayo

Mari Carmen

Lugar de origen: Australia

En medio del estruendo de los fuegos artificiales y la algarabía de la feria que se extendía por la ciudad, Mari Carmen veía desde lo alto de la noria como el cielo se iluminaba con las figuras que surgían con un estallido en la oscuridad de la noche.

Antes de desaparecer con la misma rapidez que las otras, un súbito ramillete de luces se expandió en torno a un fascinante núcleo de subido color naranja, por un momento idéntico al impresionante color de Uluru al atardecer, Ayers Rock para los extranjeros, cuando en su ya lejana infancia contempló de la mano de sus padres la imponente masa de tierra que se elevaba al cielo en medio del desierto australiano. Aquello fue antes de que la trajeran a vivir con su querida tía materna y de que, algo más tarde, dejara de ser Blanche para adoptar, por decisión propia, el nombre de la simpática amiga de su primer año de colegio, a la que no volvería a ver. Desde entonces, y para siempre, había sido Mari Carmen. A pesar de sentirse feliz en su nueva casa, nunca había perdido esa sensación de distanciamiento, casi un temor enfermizo de que la pérdida de sus padres pudiera repetirse en la pérdida de sus nuevos seres queridos.

Al volver a mirar allá abajo las luces de la ciudad, pensó que había sido un regalo del destino que este año la feria de Sevilla, por razones tanto burocráticas como políticas, se hubiera retrasado hasta el punto de coincidir con su cumpleaños. Setenta y tres. El número, que otros considerarían elevado pero que para ella no representaba la edad que sentía, ni la imagen que todavía veía en el espejo, le hizo pensar en la diferencia entre la antigüedad de la fiesta y la de la gente. La celebración, que, a través de los años, había conocido a príncipes y mandatarios, personalidades, artistas, toreros y cantantes, y a una cantidad cada vez mayor de visitantes extranjeros…, sobrevivía a todos ellos. Además, renovada cada vez. Como, con seguridad, sobreviviría también a ella… Conocida organizadora vecinal y popular anfitriona de mucha gente durante tantos años, se sentía satisfecha del cambio producido en el ayuntamiento y de no tener que ocuparse de nadie en esta ocasión.

Estaba contenta de haber llegado a esta edad y de estar allí, por una vez sin ser el alma de la fiesta, solo disfrutando con su familia y sus amigos. Porque disfrutaba de todo lo que hacía. Los setenta años de ahora no eran los de antes, y ella conservaba la esbeltez que le permitía llevar todavía, como no podía ser de otro modo, el típico vestido de lunares que tanto le gustaba desde niña y que era de rigor en las fiestas. Claro que, ahora, como desde hacía ya algunos años, con menos adornos y, sobre todo, menos maquillaje. Miró hacia abajo, y a su izquierda vio la caseta de colores blanco y rojo donde estaba su grupo.

En la agradable brisa de la noche, avivada por el movimiento de la enorme rueda, pensó que la vida era como una noria. Con ascensos y descensos, hasta que al final se para y hay que bajar… *¿Cómo puede parecer la gente tan pequeña cuando se la ve de lejos?* Razonó que ella sería igual de pequeña y de lejana para los de abajo. ¿Era así, realmente, pequeña y lejana frente al mar de acontecimientos que compone el mundo y que habría de acabarse algún día (forzoso era reconocerlo) ya no muy lejano para ella? *Porque todo se acaba…*

La noria se detuvo justo cuando su cabina estaba en lo más alto. Sintió el incremento del balanceo ocasionado por la parada. A veces las alturas pueden dar vértigo. Pensó que esos momentos de emoción acrecentada, buenos o malos, siempre duran poco. La detención le recordó que pronto acabaría su paseo. Paseo que, para ella, podría ser el último, y última también esta feria… Con las ganas que aún tenía de vivir, de conocer mundo… Lamentó que la vida fuera tan breve. Y que lo fragmentario de la memoria la hiciera más breve todavía.

Sentía que había aprovechado bien su vida, pero seguía teniendo las mismas ganas de siempre de conocer cosas... Estaba claro que no volvería a viajar con su amiga la notaria. Aquellas cortas vacaciones en los Emiratos Árabes, que había prometido ser fabulosa, terminó siendo una experiencia atroz. Por ahorrar, su compañera insistió en que en su última estancia se alojaran en un pequeño hotel que ni siquiera aparecía en las guías. *A mi edad no estoy ya para ahorrar. Y menos estando sola, sin hijos.*

De la cabina más próxima le llegó una alegre algarabía de voces femeninas, del todo indescifrables. Al reiniciarse el movimiento, vio a un grupo de chicas jóvenes de rasgos asiáticos. Quizá no tan jóvenes, pensó. Es difícil calcular la edad de los orientales, cuando ya cuesta a veces discernirlos entre sí... *¡Vaya tontería!*, se dijo. *Como si fuéramos muy distintos...* Sabía bien que las diferencias entre las personas son tan nimias... Recordó el libro que ella misma le había regalado hacía poco a su sobrino de siete años (sobrino-nieto en realidad), que celebraba la diversidad y la igualdad del ser humano: *Todos somos de color café con leche*, decía el título. Se le ocurrió que para los ojos de aquellas chicas ella era posiblemente idéntica a cualquier otra mujer occidental de las que estaban en la feria.

Al bajar de la cabina justo detrás de las alegres muchachas, Mari Carmen encontró en el suelo un colorido folleto doblado por la mitad. Debía de habérsele caído a alguna de ellas. Su primer impulso fue llamar a las jóvenes que se alejaban, pero titubeó un instante por el idioma, y cuando lo recogió ya se perdían entre la multitud. Un folleto publicitario tampoco era importante. Lo ojeó y vio que estaba en varios idiomas, entre ellos el suyo.

Viaje al encuentro de su alma,

rezaba el encabezado. Y continuaba:

Al alejarse de la vida cotidiana, el ser humano se mira a sí mismo y descubre los pasos que traza su corazón. Un lugar antiguo, misterioso y acogedor para un encuentro de distintas procedencias hacia la búsqueda del ser interior.

Mari Carmen se detuvo un instante. Acababa de decidir que era hora de hacer otro viaje, de conocer a otras personas… y le llegaba esto a las manos. De un pliegue inferior del folleto asomaba un sobre de color rojo. Miró otra vez por donde habían desaparecido las muchachas, pero no alcanzó a ver rastro alguno de ellas. El sobre formaba indudablemente parte del folleto. Lo abrió.

Quien desee descubrir los secretos de la vida, el tiempo, el amor y la muerte, ha de realizar un viaje al interior de su alma.

¿Estás dispuesta a iniciarlo?

Un viaje en solitario, de exploración interior… ¿Sería quizás lo que le tocaba hacer, justamente ahora? *Tal vez debería aprovechar las señales que me envía la vida*, pensó. Leyó unas líneas más del folleto. Decidió que Japón sería su próximo destino.

Madrid,
mes de junio

Alberto

—Papá, ¿qué asientos tenemos?

—2A y 2C.

—¿Qué?... Muy gracioso. Yo no es que haya viajado mucho, pero sé que esos son asientos de la gente de pasta. Los *business* esos.

—¡Pues sí! ¿O es que no nos lo merecemos?... ¿No te gusta?

—¿Viajar en business? ¡Cómo no me va a gustar!... Aunque, por lo que imagino que te habrá costado, podrías haberme dado el dinero a mí, al menos el de mi asiento, que yo puedo ir en cualquier sitio.

—¿Y viajar separados en el mismo avión?

—Tienes razón. ¡Soy un desconsiderado!... Solo espero que no lo hayas hecho por mí. Aunque pensándolo bien, seguro que vale la pena. Tenemos que celebrarlo, ¿no? Tu viaje pensado desde hace tanto tiempo y el mío, caído del cielo. He oído que en clase business todo está incluido, como en los hoteles de Punta Cana...

Y celebraron. De hecho, quizás fue algo que comió, o acaso un exceso en la bebida, aunque el padre de Alberto no bebió mucho, lo que le generó un ardor de estómago que se fue haciendo cada vez más agudo. Cuando Alberto palpó su frente, llamó a la azafata. Preguntaron si había algún médico a bordo.

El médico dijo que no podía hacer mucho en esas condiciones. Quizás fuera una congestión, aunque él se inclinaba por una apendicitis. En cualquier caso, recomendó asistencia inmediata. El avión tuvo que desviarse hacia el aeropuerto más cercano.

Los paramédicos parecieron confirmar el diagnóstico del médico a bordo del avión. En la camilla, el padre de Alberto le dijo:

—Oye, hijo. Voy a estar bien. Una apendicitis no es nada hoy día…

—Seguro, papá. No tienes de qué preocuparte.

—Lo sé. Por eso mismo voy a pedirte algo. Quiero que vuelvas al avión. Termina tu vuelo.

—¡De ninguna manera!

—¡Óyeme, es importante!… La razón por la que insistí en ir contigo es porque vi la oportunidad de cumplir una promesa que le había hecho a tu madre hace mucho tiempo. Una promesa que te involucra a ti. Encontrarás los detalles en mi equipaje. Busca un sobre rojo y lee las instrucciones. Al terminar tu convención, ve a ese lugar. Tranquilo, yo voy a estar bien. Estaremos en contacto.

Y antes de que Alberto, cuyo rostro era una mezcla de sorpresa e incertidumbre, volviera a replicar, su padre, mientras los paramédicos lo trasladaban, añadió en un tono que no admitía réplica:

—¡Por favor!

La travesía

Shikoku, 21 de junio

La travesía

Día 1
Silencio

Con la palabra, el hombre supera a los animales.
Pero con el silencio se supera a sí mismo.

Paul Masson

—Sed bienvenidos.

El sensei, ataviado con la misma indumentaria que utilizaban todos los integrantes del Templo del Conocimiento y que también habían facilitado a los invitados, de modo que nadie habría podido decir por las vestiduras la función y la posición de cada quien, dirigió una sonrisa amable a los presentes. Su voz profunda y melodiosa apenas revelaba un ligero acento en su habla bien articulada, como quien desde hace ya mucho tiempo está acostumbrado a expresarse en distintos idiomas.

—Estoy muy feliz de poder veros. Sé que habéis hecho un largo viaje para venir aquí. Algunos casi habéis cruzado el planeta para hacer posible que hoy nos encontremos.

»Una de las razones de mi satisfacción es que, junto con nosotros —dijo aludiendo al senpai y a sí mismo— representamos diversos países de los cinco continentes en este pequeño lugar del mundo. Honráis nuestro Templo al convertirlo así en un pequeño orbe.

»Con vuestras diferencias, no tantas como similitudes, como tendremos ocasión de comprobar, traéis algo en común: un interés vigoroso por la búsqueda de respuestas. Lo sé, porque de no ser así no estaríais aquí hoy.

»Para encontrar esas respuestas va a ser necesario, por los momentos, abandonar lo ya conocido. Ahora mismo os pido que hagáis un paréntesis en el pasado. De momento, no pensemos si lo que hemos hecho antes de venir aquí fue acertado o equivocado. Si nuestras decisiones fueron buenas o malas. Solo cuando abandonamos la actitud, que puede llegar a ser una crueldad, de enjuiciarnos a nosotros mismos, empezamos a ser libres.

»Una de las cosas que tenemos en común quienes estamos aquí hoy es que compartimos un lenguaje… Las lenguas son formas de representar la realidad. Cada una de ellas tiene sus peculiaridades, lo que hace que su estudio sea en sí una indagación en las formas de comprensión del ser humano. Pero la manera de enfocar ciertas cosas revela, más allá del idioma concreto, la existencia de un lenguaje común. En nuestro caso tenemos, además, la suerte de compartir, en mayor o menor medida, una lengua específica, esta en la que os hablo. Aprovechando esta circunstancia, os voy a proponer tres sonidos de esta lengua para empezar la andadura que vamos a recorrer juntos.

»Estos sonidos pueden ayudarnos a silenciar ruidos de un concierto discordante en el que nuestra mente a veces se enfrasca, y del que en ocasiones nos gustaría salir. Como si apagáramos una central telefónica abarrotada.

»El primer sonido es una palabra muy relacionada con la vida que se practica en Oriente, sus raíces y su cultura. Esa palabra es *té*.

»Se dice que el té es una sustancia maravillosa. Proviene de unas hojas que nacen de la tierra y que se diluyen en agua por la acción del fuego. El hervor señala la culminación del proceso. Posee, pues, todos los elementos, según se consideran en las distintas tradiciones: la tierra, el agua y el fuego; el componente vegetal y el hervor representan otros dos: la madera y el aire; por último, la infusión se vierte en una taza: en el vacío de la taza. El té es restaurador por excelencia. Ayuda a suavizar la importante función digestiva, de asimilación, que nos relaciona estrechamente con el mundo. Y lo que es al menos igualmente importante: ayuda a mantener la mente relajada a la vez que despierta.

»Según se cuenta, hace cientos, o miles de años, según la fuente, en una pequeña ciudad de la actual Sri Lanka, antes llamada Ceilán, surgió la primera semilla de té. Nadie conoce su origen exacto, pero el té se ha hecho famoso en todo el mundo. La hora del té es la oportunidad para hacer un alto en el día, descansar del murmullo de la mente, aquietándose en su aroma y su sabor. El té es una de las vías para encontrar el vacío de la calma.

»Imaginad ahora cada uno, ante vosotros, una agradable taza de té. No importa su variedad. Solo que sea buen té. Pero va a ser importante la forma en que lo toméis. Tomadlo desde la distancia máxima que puedan alcanzar vuestras manos, y acercadlo lentamente a vosotros mientras pronunciáis la palabra que designa esta magnífica bebida: *Té…*

»Puedes mirar a la persona que está a tu lado. Ofrécele, en tu mente, este maravilloso regalo. Tal vez haya alguien más en la otra dirección, y puede que quieras ofrecérselo también. Y si esa persona acepta tu regalo, seguramente estará dispuesta a continuar con el siguiente paso.»

El sensei hizo una pausa.

—Ahora que habéis recibido todos el regalo del té, imaginad frente a vosotros un muro. Un muro alto y grande que se ha ido construyendo piedra a piedra, durante toda vuestra vida, cada vez que os habéis quedado ante una indecisión no resuelta: todas las veces que habéis dicho *podría*, *debería*, *haría*, *querría*…

»Todas y cada una de esas veces que has intentado hacer algo, pero no lo has hecho, o que desististe a mitad de camino, o que abandonaste la tarea…, fuiste engrosando ese muro, piedra a piedra. Ahora, plenamente enfocados y con decisión, vais a usar vuestra mano para dar un golpe certero en el centro del muro y derribarlo.

»Para ello tendréis que usar vuestra fuerza, que acompañaremos de otro sonido.

»Como todos sabéis, el universo físico puede explicarse a través de vibraciones. Si conociéramos la frecuencia exacta para modificar el movimiento de sus componentes más elementales, podríamos derribar ese muro al igual que la potente y templada voz de un cantante es capaz de quebrar un vaso. Propongo que ese sonido sea: *¡Caaa!*»

Nuevamente una pausa, igualmente respetada por todos los presentes.

—Una vez derribado el muro que se interpone entre nosotros y nuestros objetivos —prosiguió el sensei—, tenemos aún un último paso que dar. Ahora, cual imaginarios *samurais*, vais a tomar una espada. Cortaréis de raíz todas las ideas preconcebidas que han surgido de vosotros mismos o de quienes os aseguraron que algo no podía hacerse, que era difícil o imposible…, que hay que aceptar las cosas como están, sin posibilidad de cambio o mejora. Si queréis derrotar esas ideas, ahora es el momento.

»Para ello, usaremos un sonido que exprese fuerza y contundencia. *¡Yaaa!*

»¿Se ha entendido?»

Los cinco presentes asintieron casi al unísono.

—Ahora bien, el orden de los elementos puede ser importante o puede no serlo, depende de qué elementos se trate y para qué.

En este caso, podemos jugar con estos sonidos, intercambiándolos. También podemos repetirlos en forma cíclica. Al fin y al cabo, hay veces en las que un grupo de elementos regresan después de un cierto tiempo. Como algunos acontecimientos, como las modas, que no solo existen en el vestir, sino incluso en el pensamiento…, o como los hexagramas del *I Ching*, el *Libro de los cambios*.

»Podéis, pues, repetir esos tres sonidos en rotación, en el orden dado, o, si preferís, utilizarlos en forma lineal en un determinado orden. En algunos casos, no en todos, ambos procesos son equivalentes.

»Si entiendes esto, no habrá nada que no puedas hacer, nada que no puedas alcanzar, nada que no puedas ser.»

El sensei guardó silencio. Respiró profundamente varias veces, y dijo:

—Ahora, en primer lugar, empecemos por derribar el muro: *¡Caaa!*

Los estudiantes, siguiendo al maestro, gritaron al unísono: *¡Caaa!*

—Ahora, a segar opiniones preconcebidas: *¡Yaaa!*

Otra vez, los cinco estudiantes repitieron con fuerza: *¡Yaaa!*

—Y por la bebida de la alerta tranquila: *Teee…*

Siguiendo el ejemplo del sensei, emitieron este último sonido de modo más suave, en disminución progresiva.

—Ahora sólo tenéis que hacerlo más rápido —indicó el sensei.

A lo que todos respondieron al unísono:

—*Caaaaa…, Yaaaaa…, Teeeee.*

Los cinco estudiantes repitieron los tres sonidos con un súbito e inesperado ánimo compartido. Lo hicieron hasta en tres ocasiones, tras lo cual reinó el silencio en el bosque de bambús.

—Sed bienvenidos nuevamente —dijo el sensei con una lenta inclinación. Y, ya cerca de la salida—: Volveremos a vernos.

Los estudiantes se miraron unos a otros sin acabar de entender lo sucedido.

—¿Habéis entendido el ejercicio? —dijo Victoria al cabo de unos segundos.

—No estoy muy segura… —respondió Antonella, mirando a su alrededor, como si los troncos de bambú fueran a darle la clave.

De repente, Alberto empezó a reír. Fue a decir algo, pero pareció que lo pensaba mejor, como dando tiempo a los demás. Mari Carmen lo miró y le dirigió una sonrisa comprensiva.

—Y todo eso que nos ha soltado del lenguaje…, ¿solo para dejarnos con unos tres sonidos? —insistió Victoria.

—¿No te das cuenta? —dijo Mari Carmen— Los sonidos forman una palabra. Como ha dicho él, en una lengua que compartimos.

—Nos ha dicho que nos callemos —explicó por fin Alberto.

—*Caaaaa…*, *Yaaaaa…*, *Teeeee…* —dijo despacio Antonella—. *Cá-ya-te… Cállate*. Es lo que nos ha dicho.

—Claro… —razonó John—. *Cállate*. Si no somos capaces de callar, de aquietar nuestro interior, difícilmente vamos a ser capaces de avanzar en el aprendizaje.

—Así es —afirmó Mari Carmen, con una sonrisa.

Alberto repuso:

—Yo no sé si seré capaz de callarme. No sé si el sensei lo consiga.

—Seguro que lo harás, Alberto. Y no será el sensei quien consiga que lo hagas, sino tú —era la voz de Takashi, que había permanecido hasta ahora a unos pasos del grupo—. Como estoy seguro de que todos lo conseguiréis.

El senpai no había dejado de observar a sus huéspedes, como les había prometido. Sabía que, a medida que los fuera conociendo, se conocería mejor a sí mismo. Y, con suerte, ese avance en su autoconocimiento les serviría también a ellos.

—Descansad un rato si queréis. Como ha dicho el sensei, pronto nos reuniremos de nuevo.

La travesía

Día 2
El zorro se moja la cola

De todos los conocimientos posibles,
el más sabio y útil es conocerse a sí mismo.

William Shakespeare

Parecía que nadie estuviera dispuesto a hablar en el silencio imponente de la austera sala. Decir algo, formular una pregunta... Algo que, como suele decirse en Occidente, rompiera el hielo. El sensei, por su parte, estaba pacientemente sentado. Sabía mejor que nadie que el maestro debe conocer primero en qué lugar del camino se encuentran sus estudiantes.

En medio del prolongado silencio, Mari Carmen fue la primera en hablar. Alzó la mano y dirigió su mirada al sensei. El maestro la invitó con un sencillo movimiento de la mano.

—Entonces, maestro, ¿cuál es el primer paso? —dijo sin darse cuenta de que había empezado su frase con una palabra que indicaba la culminación de sus propios pensamientos. Aunque había tardado en formular la pregunta, su tono expresaba una cierta impaciencia, como quien siente que no tiene demasiado tiempo para esperar las respuestas.

—Lo primero..., y también lo último... —respondió despacio el sensei— es ir por el camino del autoconocimiento. Conocerse uno mismo hace que el recorrido sea más ligero. Y facilita las decisiones que sea necesario tomar.

—¿Y cuál es exactamente la función del maestro? —esta vez la pregunta, directa como un dardo, vino de Victoria. Era lo que había hecho toda su vida: pedir respuestas rápidas y directas, aunque en un plano de experiencia muy distinto.

—Las vías para alcanzar el autoconocimiento son múltiples y variadas —expuso el sensei con la misma calma—. No siempre es necesario un maestro. Pero este puede facilitar el camino. Una de las vías es el *zen*... Más bien un haz de vías entrelazadas. Un maestro zen es algo parecido a un guía..., que no un guía exactamente: quizás sea más parecido a un mapa. Un buen mapa, que es lo que debe ser un maestro, que muestra el terreno y provee de las señales adecuadas. El maestro no nos dice adónde ir, ni tampoco cómo hacerlo, ya que las posibilidades son múltiples. Solo muestra los diversos caminos y lo que posiblemente encontraremos en cada uno de ellos, de modo que la decisión que tomemos sea informada y consciente. El buen maestro ayuda también a encontrar las herramientas para cambiar de camino o de estrategia, si ello es necesario o conveniente.

Alberto levantó la mano. El sensei le cedió la palabra con gesto amable.

—Entonces un maestro es como un GPS. Alguien que posee datos exactos y completos sobre el terreno, que informa de los sitios con las señales correctas, para que el conductor vaya por donde mejor prefiera.

—Senpai —dijo el sensei—: Nuestros amigos son los protagonistas de su aprendizaje, pero tu opinión puede sernos útil.

Takashi, que no esperaba ser llamado a intervenir tan pronto, dio las gracias mentalmente a su maestro por el honor que le dispensaba, sabiendo que el sensei captaría cualquier mínimo gesto. Su voz resonó fuerte y segura.

—En mi humilde opinión, un maestro debe ser accesible; comprensivo, mas no complaciente; certero, pero no ofensivo; iluminador, sin pretender ser poseedor de la verdad.

El senpai entendió la mirada del sensei como una invitación a continuar. Prosiguió.

—De manera similar a un GPS, cuya comparación por parte de Alberto es acertada… hasta un cierto punto…, el maestro debe ser como un buen mapa provisto de información completa y objetiva, que comunicará de manera oportuna. Pero, a diferencia de cualquier dispositivo automatizado, tendrá capacidad de previsión y de empatía. Debe entender y ayudar a entender. Saber sugerir y adaptarse, y aceptar el ritmo de cada uno de sus estudiantes.

»Una vez cumplida su tarea, que no es otra que facilitar el desarrollo de la conciencia y el autodescubrimiento de las habilidades latentes, se retirará sin esperar aclamación ni reconocimientos, sin aspirar a otro mérito que el de la satisfacción personal por la labor realizada.»

Antonella, hasta ahora la más reservada del grupo, tomaba notas apresuradas.

—¿Y cuáles son los requisitos —preguntó— que debe llenar un maestro?

El senpai calló por un instante. Antonella había hecho la pregunta mirando al sensei. Pero este invitó a Takashi con un gesto a dar su respuesta.

—Ser maestro zen no es tarea fácil. Exige preparación, estudio, desarrollo de habilidades, práctica, excelencia en los logros… y una gran dosis de modestia. Su tarea es la más compleja que puede asumir una persona: conocerse a sí mismo e intentar conocer a los demás. Esta meta, que es de todo ser humano, en su caso se convierte en un requisito fundamental.

»Antes de pensar siquiera en la posibilidad de llegar a ser maestro, el aspirante debe iniciar una intensa labor de autoexploración. Difícil tarea en sí misma porque, como reconocen los filósofos de todas las épocas, nunca llegará a completarla.

»A pesar de todas sus dificultades, la de maestro zen es una actividad hermosa, porque su fin es ayudar a los demás, facilitarles algún episodio de su tránsito por la vida.

»El conocimiento que adquiera de sí mismo, unido a su disponibilidad para entender a otros, generará una empatía que se traducirá en la confianza que los otros estén dispuestos a poner en el maestro. Ser maestro involucra una gran responsabilidad.»

Alberto, como tocado por una súbita inspiración, levantó el dedo:

—*Un gran poder conlleva una gran responsabilidad.* —Y al ver que sus compañeros lo miraban, añadió en voz baja—: Es… una frase del tío de *Spiderman*.

El senpai sonrió:

—Tienes razón, Alberto… Como vemos, no es necesario ser un maestro zen para alcanzar la iluminación en algunos aspectos de la vida. Un inspirado creador de personajes, como Stan Lee…, un artista, un científico o incluso un modesto trabajador, puede tener acceso a ciertas verdades, con solo mantener pureza de espíritu y una mente abierta. En tal sentido, todos participamos de esta responsabilidad, porque todos podemos ser, a veces sin saberlo, maestros para alguna otra persona.

»Pero quien asume abiertamente la tarea de ser maestro, será directamente responsable no solo por sus propias acciones, como todo ser consciente, sino, hasta cierto punto, por las que emprendan sus discípulos. Porque él les habrá mostrado el camino.»

—Dura perspectiva —repuso John—. Ante tales dificultades, y sus consecuencias, que ya imagino… ¡ya nos podemos ir todos de aquí!

El sensei le dirigió una sonrisa comprensiva.

—Entonces —repuso Antonella—, llegar a ser maestro es casi imposible.

—De ninguna manera —respondió ahora el sensei—. Porque a medida que te vas conociendo a ti misma irás descubriendo cuánto te pareces a los demás, cuánto de ellos hay en ti. Así, tu propio autodescubrimiento se enriquece al observar esa similitud. Es un bucle en el que podemos progresar indefinidamente, mejorando el conocimiento de nosotros mismos mientras mejoramos nuestra comprensión de los otros, a quienes podemos ayudar a su vez a conocerse, haciéndonos todos cada vez mejores.

»Un avance que nos hace ver, como han señalado filósofos de todas las épocas, que cuanto más conocemos más conscientes somos de lo que nos falta por conocer. Esta aceptación de nuestra propia ignorancia nos dota de la modestia que es consecuencia necesaria de toda auténtica búsqueda interior.»

—Pero hay personas, incluso cercanas, a las que no nos parecemos —repuso Mari Carmen, que permanecía atenta a cada palabra del sensei—… Y es mejor que sea así.

Pensaba en una de sus primas con las que había crecido, como si fueran sus hermanas. Nada comunicativa como las otras, le parecía que siempre había rehuido su trato, evitando en todo momento intimar con ella… Demasiado centrada en sí misma, siempre le había parecido un poco egoísta. El sensei, como si hubiera leído su pensamiento, dijo:

—«¿Qué ves en el otro que tienes tú, que tanto te molesta?…»

Viniendo de otra persona —en especial, de aquella en la que estaba pensando—, y en otro momento, Mari Carmen habría interpretado esas palabras como un reto, quizás una acusación. Pero el rostro del sensei mostraba afecto y comprensión. Esa actitud franca en la persona que se sentaba con sencillez entre ellos, formando un círculo junto con sus compañeros, y el hecho de encontrarse en un lugar completamente ajeno a cuanto ella conocía, creaba un ambiente distinto a cualquier otra situación. En lugar de sentirse molesta o perspicaz, empezó a pensar que el viaje había valido la pena. Tal vez, incluso, este viaje fuera el más importante de su vida.

—¡Uf!… —la sacó de su pensamiento la voz de Victoria, que pensaba, a su vez, en su propia hermana—. Eso que acaba de decir no lo termino de entender.

—Imagina —propuso el sensei— que tuvieras que conducir por una carretera en una noche de niebla, en la que solo alcanzaras a ver a unos pocos metros de distancia; la luz de tu vehículo reverbera en la niebla y solo puedes ver tu propia luz reflejada. Imagina que al día siguiente, completamente despejado, hicieras el mismo recorrido a la luz del sol. Seguramente verías ahora a la perfección lo que siempre estuvo allí en medio del camino pero que te había pasado desapercibido. Cuando el entendimiento está ofuscado por las propias ideas, estas son como la niebla que no te deja ver. La poca luz que puedas arrojar rebota sobre ti misma, de modo que solo percibes, por afinidad, aquello que en los demás se asemeja a ti, como el eco que resuena con tu propia voz. Así, solo ves lo que estás dispuesta a ver. Si lo que percibes en el otro te molesta, quizás solo estés viendo tu propio reflejo.

—¿Y qué debemos hacer para superar esa condición? —preguntó Mari Carmen.

—El primer paso, que coincidirá con el último, es explorar el interior de nosotros mismos, como si nos viéramos con claridad desde fuera. Es importante empezar por uno mismo, por varias razones.

»En primer lugar, somos la persona que tenemos más cerca, inevitablemente. Vivimos con nosotros mismos, por así decirlo.

»En segundo lugar, aun con todas las posibilidades de error, tenemos un conocimiento privilegiado de nosotros mismos, al menos de las cosas más elementales: sabemos directamente, porque lo experimentamos, si estamos alegres o tristes, preocupados, molestos u optimistas…, también si nos duele una muela, si tenemos hambre o sueño, si nos sentimos especialmente ligeros o con excesiva pesadez…, todo ello sin necesidad de vernos al espejo y sin que nadie nos lo diga. Incluso sin que lleguemos a expresarlo… Incluso, a veces, aunque nos lo ocultemos a nosotros mismos.»

—Maestro. Has vuelto a decir que el primer paso coincide con el último —dijo John, que meticulosamente intentaba seguir el hilo del discurso a través de los inesperados derroteros—. ¿Qué significa eso exactamente?

Le parecía admirable la capacidad de adaptación del sensei a cualquier giro que tomara la conversación, como si lo que importara fueran los intereses de quienes se encontraban ante él, y no algún plan preconcebido que pudiera tener. En ese momento, John tuvo la sensación de que hablar con el sensei era como hablar con un viejo conocido.

—El *I Ching* —respondió el sensei— puede sorprender con su final a un lector desprevenido. Tras describir los múltiples cambios que podemos experimentar en el transcurso de nuestra vida, nos dice que el joven zorro, a punto nuevamente de cruzar el torrente, mete la cola en el agua..., al igual que haría un novato. Lo que creemos que es el final del camino puede ser el comienzo de uno nuevo. El progreso es cíclico. Por eso el sabio vuelve una y otra vez al punto de partida. En la tarea del conocimiento nunca podemos estar seguros de lo aprendido.

—Maestro —la voz de Antonella dejaba traslucir el respeto que las palabras del sensei le inspiraban—. En ocasiones, en esa... autoexploración de la que hablas, he tenido alguna sensación de angustia, o de contento, sin saber por qué. Recuerdo haberme sentido muchas veces nerviosa... o preocupada... o, a veces, especialmente segura de mí misma, sin una razón aparente.

—La mayor parte de la gente no es consciente de su gran capacidad de percepción —respondió el sensei—. Somos como antenas que recibimos constantemente datos, de los que no siempre somos conscientes... En realidad, tampoco hace falta. No siempre... Por eso nuestro ánimo varía sin que sepamos la razón. Por eso también a veces empatizamos de pronto con alguna persona, como si la conociéramos de toda la vida, y sentimos un rechazo instintivo hacia otras con las que no hemos cruzado palabra.

—¿Como cuando alguien te mira por la espalda y te giras y descubres que te están mirando? —intervino Alberto.

—Eso es. Percibimos más de lo que nos informan directamente nuestros sentidos.

El sensei observó al grupo durante unos segundos, antes de proseguir.

—La tercera razón para iniciar nuestro proceso de exploración por nosotros mismos, y esta es muy importante, es que si nos equivocamos…, lo que muchas veces sucede precisamente por no conocernos lo bastante…, o si hacemos algo que después juzguemos un error, las consecuencias, por duras que hayan podido ser, serán probablemente más fáciles de reparar que si inducimos, directa o indirectamente, queriéndolo o no, una determinada conducta o actitud en otra persona.

»Además, porque siempre nos tenemos «a mano», podemos hacer un seguimiento permanente de nosotros mismos y corregir el rumbo antes de atrevernos a ensayar en los demás. Una vez que nuestro creciente autoconocimiento nos asegure de algún modo…, porque nunca garantiza…, la aplicabilidad de lo que hemos aprendido, solo entonces estaremos en condiciones de intentar ayudar a otros. Tarea que, si decidimos emprender, debemos realizar con sumo cuidado, despacio y bajo constante observación, dispuestos en todo momento a corregir el rumbo tan pronto fuera necesario.

»En cuarto lugar…, y no sé si último, porque no sé si hay un último… —acotó el sensei, lo que algunos recibieron como una muestra de humildad, otros de profunda sabiduría, y a otros dejó algo desconcertados— tenemos que considerar la diferencia entre lo que es un dato y una interpretación. Por ejemplo, si salimos del recinto del Templo temprano por la mañana y encontramos el suelo mojado…, podría ser que el senpai haya regado poco tiempo antes. O tal vez se haya derretido la nieve que cayó durante la noche. O puede que la humedad del suelo sea consecuencia del rocío…, o el efecto de la lluvia. El dato, en cualquier caso, es la humedad que encontramos. Las posibles interpretaciones nos dicen lo que *puede* haber pasado. No necesariamente lo que pasó.

»Y ya que nuestras acciones dependen, en gran medida, de nuestra interpretación de los hechos, debemos, analizar detalladamente cuanto decidamos hacer antes de hacerlo, porque del análisis y la observación de la situación, de la contrastación de nuestras ideas con las de nuestros semejantes, y de la verificación de las mismas, puede surgir un hacer que nos ayude a conectar con las cosas, vivir en ellas y hacernos uno con ellas.»

—Entonces, sensei —insistió Victoria, que sentía que le eludían las respuestas—, a todo esto, ¿qué es el zen?

—El zen, querida Victoria, que en su origen significa simplemente meditación, es una experiencia personal, íntima, intransferible… e incomunicable.

»Es la iluminación interior que se proyecta sobre un camino de vida. Pretender reducir el zen a cualquier explicación es tan insensato como diseccionar una frágil y hermosa mariposa para, en su lugar, estudiar un cuerpo inerte y desprovisto de vida.»

—¿Es una religión? —se atrevió a preguntar Mari Carmen.

—No es una religión. Ni una filosofía, como normalmente se entiende esta en Occidente. Tampoco es psicología, ni pretende ser ciencia. Es, más bien, lo que en la India, China y otros lugares de Oriente se conoce como… un «camino de liberación interior, y de concienciación de la identidad de todos los fenómenos con el ser absoluto»… Así lo expresa un occidental como Allan W. Watts.

—¿Qué es el ser absoluto? —preguntó Alberto.

—La respuesta, siempre compleja, dependerá de quién la dé —explicó el sensei—. El conocimiento que es, o intenta ser, trascendental, más allá de la experiencia, no está sujeto a la comprobación por los sentidos. Es algo que solo puede ser vivido. Aunque llegamos a él partiendo desde la razón, solo se encuentra en un ámbito superior. Por eso, solo puede mostrarse el camino…, alguno de los muchos caminos. Una vez alcanzado ese estado de conciencia…, o de no conciencia…, no hay lenguaje capaz de expresarlo. Ser absoluto, esencia, ser en sí, *tao*, *logos*… son solo palabras. Intentos de comunicar lo inexpresable.

—¿Dios?… —aventuró Alberto

—Cuando sus discípulos preguntaron al venerable maestro acerca de Dios, o los dioses, respondió: «No me pregunten por aquello acerca de lo que nada sé».

—Lo dicho —terció John—: ¡cierra y vámonos!

—Yo no quiero irme —respondió Antonella—. Esto me interesa.

—Era un modo de hablar… —se disculpó John. Su compañera le devolvió la sonrisa.

Todos miraron al sensei, expectantes.

—El zen… —continuó este al ver el interés creciente del grupo—, al menos lo que podemos decir en este momento…, es el arte de ver la naturaleza de nuestro ser. Nos muestra el camino interno que conduce de la esclavitud de nuestra mente y nuestros sentidos, ofuscados por el quehacer cotidiano, a la libertad.

»Mediante nuestras acciones, o nuestro no hacer, según sea o según convenga, el zen libera las energías acumuladas en nuestro interior, que se encuentran cohibidas sin vías para su desarrollo.»

El sensei hizo una pausa, y Antonella intervino:

—Yo he leído algo de filosofía oriental. Esto me recuerda lo que llaman el ojo de la mente o *el tercer ojo*. ¿Es así?

—Puedes usar la imagen del tercer ojo, o llamarle intuición… En realidad, no importa como lo llames.

»El zen evita la parálisis de las palabras vacías, da libre juego a la energía interior que fluye sin palabras, y ayuda a conectar con lo que podemos llamar intuición, ahondando en la naturaleza de nuestro ser… Algunos han llegado a ver un sentido en su vida, por lo que no ha sido un esfuerzo inútil, ni un despliegue de fuerzas incontroladas. Es una manera de experimentar el infinito atractivo de vivir… a pesar de lo difícil que en ocasiones puede llegar a ser la vida…, ya que ayuda a situar esas dificultades en su justa perspectiva.»

—Creo que me he perdido —resopló una vez más Victoria.

—Quizás alguna historia, de las muchas que se cuentan, te aporte alguna luz —contestó el sensei.

»Un discípulo fue a visitar a su maestro para darle el pésame por la reciente muerte de su esposa, con la que había vivido felizmente muchos años. Al llegar a la casa del maestro, se asombró de encontrarlo en el porche tocando el laúd.

»Maestro —le dijo—, ¿cómo puedes cantar cuando tu esposa, a la que tanto amabas, acaba de morir?

»A lo que el maestro respondió:

»Echo de menos su voz, su risa y su mirada… Pero ahora su esencia está en la tierra, en el aire y en las aguas. Es parte del mundo que me rodea. Veo sus ojos en los reflejos cristalinos del agua. Me habla con el sonido del viento y el rumor de las hojas. Su risa me llega en el trino de los pájaros… Está conmigo como ha estado siempre. ¿Por qué canto?… Porque celebro su presencia. ¿Cómo podría ser de otro modo?»

—Podríamos decir muchas cosas de esta historia —concluyó el sensei—, pero a veces es mejor no hacerlo. Dejar que el relato hable por sí solo. Así su interpretación será menos limitada… y su efecto más duradero.

Se dirigió a Antonella:

—Antonella, ¿podrías indicarnos dónde está el sol en este momento?

La joven miró a través del amplio ventanal a su derecha el paisaje exterior bañado por la luz oblicua de esas latitudes. Observando las alargadas sombras que proyectaban los árboles cercanos señaló al este, donde en ese momento se encontraba el astro.

—Bien —dijo el sensei—. Has juzgado correctamente por las sombras, y has señalado con tu dedo la posición del sol. Pero, de seguro, nadie de los aquí presentes, al mirar tu dedo, lo tomaría por el sol.

Se oyó alguna risa contenida, pero los estudiantes escuchaban atentos. Victoria insistió, impaciente:

—¿En resumen?…

El maestro se dirigió con la mirada al senpai, y este tomó la palabra:

—Algunas personas requieren de una explicación algo más específica y detallada —dijo el senpai amablemente—. Pues bien, podríamos resumir en unos pocos puntos los principios básicos del zen:

»Es la transmisión de una forma de pensamiento, de una actitud ante la vida y la existencia, fundamentalmente basada en la meditación, al margen de enseñanzas provenientes de escrituras sagradas, cualesquiera que estas sean. No depende de palabras o textos concretos, si bien se nutre de una variedad de escritos y enseñanzas de diversas épocas y geografías, desde la antigüedad hasta el presente.

»El camino del zen conduce a la intuición vivida de la realidad última del ser, de donde procede toda la variedad de fenómenos y donde el aspirante se identifica y se funde con ellos.

»No obstante, como ya ha dicho el sensei, en su expresión más pura esa experiencia es incomunicable, por lo que todo cuanto se pueda decir de ella son solo aproximaciones. El *Tao Te King* se abre con las palabras: *El Tao que puede ser expresado no es el Tao absoluto*, y en esto coincide con la frase con que un pensador occidental, Wittgenstein, cierra a la vez su propio libro referente al lenguaje: *De lo que no se puede hablar, mejor es callarse.* —Los ojos del senpai recibieron con humildad la mirada de aprobación de su maestro—. Esto quiere decir que tales aproximaciones no se dirigen al intelecto, que no puede captar su significado, sino al espíritu y el corazón del hombre.»

—Gracias por tu admirable síntesis, senpai —dijo el maestro.

—Pero, ¿cuáles son exactamente los pasos que hay que dar? ¿Y cómo me aseguro de que esa… intuición de la experiencia… me salga bien? —preguntó Victoria, que no acababa de encontrar el hilo.

—Solo tienes que asegurarte —prosiguió el sensei— de estar toda en el momento presente y experimentar auténticamente, sentir, lo que sea que estés haciendo. Da igual que te dediques a recolectar frutos, al diseño arquitectónico o al transporte de mercancías, que seas comerciante, camarera o dentista, o que en un momento dado estés jugando con tus hijos, enviando un correo a alguno de tus proveedores, oyendo música o asistiendo a un espectáculo. Solo tienes que vivir cada instante con plenitud de conciencia y de intención… y también de receptividad.

Alberto preguntó:

—Entonces, ¿el zen sería algo así como una herramienta multiusos, práctica para toda ocasión?

—Como… herramienta —intervino Mari Carmen, en parte intentando incorporar a la altura de la discusión la ocurrencia que acababa de tener Alberto, pero también buscando respuesta a su propio curso de ideas—, ¿podríamos decir que es la solución a los problemas y las angustias de las ocupaciones diarias…, mediante el cambio que opera en nuestro modo de ver las cosas?

—El zen, cualquiera que sea el camino que escojas —respondió el sensei—, no pretende solucionar problemas… aunque pueda hacerlo. No intenta cambiar ni remodelar a nadie. Su objetivo no es superar inhibiciones o angustias, ni tampoco mejorar la personalidad. Aunque haga todas estas cosas. El zen no compite con la psicología ni la psiquiatría. No es una rama del psicoanálisis ni un área de recursos humanos, como a veces se pretende erróneamente.

—Ya nos has dicho que no es una religión… ¿Una forma de arte, quizás? —volvió a preguntar Mari Carmen.

—Cuando no se puede definir lo que algo es, quizás sea útil aclarar lo que no es… El zen no es ciencia, ni tampoco, estrictamente hablando, arte. Una ciencia es un conjunto de conocimientos racionales comprobables mediante determinados métodos: la psicología o la sociología, por ejemplo, que estudian la conducta personal y social, son ciencias. El arte es una forma de expresión creativa, dirigida fundamentalmente a los sentidos, como puede ser la pintura o la música, que impresionan estéticamente a la vista o el oído.

»A veces llamamos *ciencia* a algún conocimiento específico, aunque no se base en teorías ni métodos científicos, como una manera de expresar nuestra valoración hacia el mismo o a quien lo posee. De modo semejante, hablamos de *arte* cuando vemos una destreza particularmente desarrollada, aunque se trate de una mera habilidad, muy alejada del arte en sentido estricto.

»Es innegable que toda forma de conocimiento participa, en su base, de la ciencia. Muchos de los conocimientos que empleamos diariamente, sin saberlo, tienen una base rigurosamente científica. Así como toda habilidad se nutre de algún modo de la originalidad del arte, de un modo de hacer particular de quien la practica habitualmente. En estos sentidos, el zen puede asimilarse, hasta cierto punto, a una forma de arte o de hacer ciencia. Pero bien entendidos, estos modos de hablar son solo metáforas.»

—La meditación —dijo John—, un proceso que se puede enfocar desde la psicología…, y, por otra parte, la ceremonia del té, la estancia donde nos encontramos, los jardines a nuestro alrededor, que están cargados de arte… ¿todo esto es zen?

—Sí, y no. Pueden formar parte, en efecto, del camino, o invitar a seguirlo. Pero el zen no es un grupo de fórmulas de aplicación mecánica. Ninguna escuela zen, y ningún maestro puede pretender que el solo uso de determinadas herramientas o procedimientos sistemáticamente aprendidos sin criterio y aplicados en forma idéntica en todos los casos, pueda proporcionar los beneficios del zen…, y ni tan siquiera resolver ningún problema humano.

El sensei hizo un gesto a Takashi invitándolo a continuar:

—Las personas no son objetos que se modifican y adaptan a unos fines específicos. No se reducen a las descripciones de la ciencia ni del arte. Están más allá de la religión y aun de la filosofía… Los seres humanos son entidades complejas que deben ser consideradas en su totalidad, y en permanente evolución. El zen, dentro del respeto a esa totalidad, no puede ignorar ninguno de los aspectos que componen la persona.

»Así pues, si queremos avanzar en el camino, haremos bien en partir de una formación amplia y tener una disponibilidad permanente a aprender y a aplicar lo aprendido. Con espíritu crítico y analítico, y agudeza de visión, explorar nuestro interior para mejor conocer a los demás. Utilizar la ciencia, el arte, y toda disciplina que nos acerque al ser humano. Pero con la conciencia de que el ser humano trasciende a todas ellas. Si tenemos sincero interés por la persona seremos comprensivos con los demás, y aceptaremos en todo momento nuestra responsabilidad por nuestras acciones.»

—La persona es lo primero —concluyó John en voz baja.

世田谷区北烏山
脇山太介
平成十三年初午建之

La travesía

Día 3, tarde
El fin último

La pregunta más importante que puedes hacerte es qué estás haciendo por los demás.

Martin Luther King, Jr.

Desde esa mañana, Mari Carmen había estado pensando en lo distinta que era su vida en este momento, a solo tres días desde su llegada, de cuanto había conocido hasta ahora. Se hallaba lejos de todo lo que le era familiar, en un lugar aislado de la isla de Shikoku, rodeado del aire frío y puro de montaña, que respiraba con fruición y que le hacía sentir feliz. No dejaba de asombrarle la importancia que puede llegar a tener para la vida de una persona una sencilla decisión, casi una consecuencia trivial de un hecho fortuito, como haber leído un folleto encontrado por casualidad en una feria, que mencionaba este lugar. Recordó que al terminar su estancia allí, lo que inevitablemente sería dentro de pocos días, volvería a su antigua vida. ¿Qué haría entonces?

—Sensei —preguntó cuando estuvieron todos reunidos esa tarde—. Y todo esto, ¿adónde lleva? ¿Cuál es el objetivo de la vida?

—¿La vida tiene un objetivo? —replicó el sensei.

—... ¿No es la felicidad?

—¿Lo es? —replicó a su vez el sensei, y lanzó al aire la pregunta—: ¿El objetivo de la vida es ser feliz?

En medio del silencio, Victoria dijo:

—¿Y qué es la felicidad?

—Seguro que podéis responder esta pregunta... Cada quien a su manera.

—¿Cómo es eso?

—Decía Aristóteles, quien sin duda os será familiar, que «para unos la felicidad es la virtud; para otros es la prudencia; para estos la sabiduría; para aquellos, todo eso junto a un sentimiento de placer o que, al menos, participe de él».

»Porque la felicidad puede significar distintas cosas para distintas personas. Incluida, desde luego, y en gran medida, la repercusión que sobre nuestra propia felicidad puede tener la felicidad de otros. Es por esto que uno de los sentimientos que más nos infunden felicidad es el amor.»

—¿El amor romántico? —preguntó Antonella.

—El amor romántico, sí… Amar es como experimentar un vacío. Pero no el vacío de la soledad, sino la aspiración a la plenitud en compañía del otro. Es la experiencia inexplicable en la que, sin hablar, se dice todo. En tales momentos de la vida, los mejores y los más inolvidables, sobran las palabras. Sólo con la experiencia de estar juntos ya se ha entrado en el mundo del *nosotros*. Pero no solo el amor romántico nos hace felices.

—¿La amistad?… —sugirió Antonella.

—Es otra forma del amor. Quizás menos intensa pero más amplia…, y puede que más generosa. —Añadió el sensei—: La amistad es como la relación entre un pino y una orquídea. El pino, por su naturaleza, no da flores. Pero un día una hermosa orquídea empieza a tejer sus enredaderas en torno a él. Mientras la orquídea se nutre de la fuerza y el vigor del pino, lo abraza y él se cubre de las hermosas flores. Uno sirve al otro, mientras cada cual conserva su naturaleza. Se apoyan mutuamente en diversos sentidos.

El sensei invitó con un gesto a Takashi, que añadió:

—El amor no busca cambiar a nadie. No intenta que el otro sea diferente para que tú estés feliz. El amor es como el fuego que con su acción transforma los elementos. Es como el agua que lo nutre. Como el aire que llena tu ser y te permite vivir. El amor es como la tierra que te sostiene y te transmite seguridad y calma. Y al mismo tiempo es como el vacío que representa la expansión.

—El amor —concluyó el sensei, no sin antes agradecer a Takashi con una inclinación de cabeza— no es egoísmo, ni dependencia. Es, simplemente, procurar la felicidad de otros. Es contemplar la alegría de otra persona, incluso desconocida, como si fuera tuya. Es hacer bien a los demás, aunque te exija esfuerzo. Y descubrirás, aun no siendo este tu objetivo, que ese costo te compensa ampliamente. La felicidad que generas en los demás te hace sentir como beber de un manantial después de haber atravesado el desierto. Como ver a tu hijo dar sus primeros pasos. Es como sentir el abrazo afectuoso de alguien cuando tu cuerpo está agotado y maltratado por los años.

—Sensei, ¿cómo pueden saberse esas cosas? Quiero decir —intentó explicar Alberto—, si no se han tenido esas experiencias de las que hablas…, y puede que alguien no llegue nunca a tener algunas de ellas… ¿entonces no se puede ser feliz?

—Ya sabemos, querido Alberto, que no es posible tener todas las experiencias en el transcurso de una vida. Pero eso no significa que no podamos beneficiarnos de las que tengan otros. Es verdad que la experiencia directa no es expresable con simples palabras. Pero disponemos de mucho más que eso.

—… ¿La comprensión que podemos alcanzar a través de las mismas palabras? —preguntó Antonella.

—Sí, pero esa es la parte racional del conocimiento. La otra es más difícil de explicar. Por darle un nombre, llamémosle empatía. Si queréis una aproximación, la ciencia ha hecho pruebas, en las que hemos participado algunos de nosotros —señaló con un vago gesto al Templo del Conocimiento— que demuestran que las áreas del cerebro que se activan al ver u oír un relato de otras personas cargado emocionalmente, tanto de felicidad como de angustia, son las mismas que se activan con la experiencia directa, aunque con menor intensidad. Una prueba científica de que todos poseemos los medios que nos permiten conocer y participar, es verdad que indirectamente, de la experiencia de nuestros semejantes. Una empatía que no se alcanza con las solas palabras.

—Ya quisiera yo llegar a eso, maestro. Muchas veces solo logro percibir de los demás meras palabras —expuso John—. Lo peor es que a veces tengo la impresión de que es lo único que hay…

—Eso es porque el hombre actual…, al igual que el de ayer, pero quizás sintiéndolo de manera más aguda, por una serie de razones…, está cansado de palabras hueras y conceptualismos falsos. Supuestas enseñanzas teóricas, que a veces incluso aparecen en libros, alejadas de toda experiencia. Dudosas e inútiles cháchara metafísicas, discursos huecos de los políticos y soporíferos sermones. Y, sobre todo, la manipulación que impulsa a un consumismo sin sentido. Todo eso no son más que palabras, alejadas de la vida real.

—En resumen, ¿qué es la felicidad más allá de las palabras? ¿Y cómo podemos alcanzarla? —preguntó Victoria, exasperada como siempre al no ver fórmulas concretas.

—Dado que nos sobran palabras y nos faltan experiencias —respondió el sensei—, busquemos estas últimas. —Y añadió—: Exploremos nuestras experiencias cotidianas, tal vez imposibles de traducir y expresar del todo con palabras. Pero podemos intentarlo. Concretamente, la experiencia de los sentidos. ¿Qué podéis contarnos de vuestra vida sensorial antes de venir aquí?

El sensei miró a los estudiantes uno a uno.

—John —dijo al fin—. De todo lo que recuerdas de tu vida en este momento, ¿puedes hablarnos de algo que te haya impactado por su belleza visual?

—¡Uf…! —sorprendido, el culto aristócrata que había recorrido mundo reflexionó unos instantes. Al cabo de unos momentos evocó:

—Sí… Recuerdo el cielo estrellado de una noche en el observatorio de San Pedro de Atacama, en las montañas al norte de Chile. Un espectáculo impresionante…, como aglomeraciones de perlas flotando sobre la oscura profundidad del infinito. Cuesta describirlo, por más que quisiera. Es algo que tiene que presenciar uno mismo.

El silencio fue como una invitación a proseguir.

»También —dijo— tengo un recuerdo imborrable de la imponente inmensidad de los *moais*, las estatuas milenarias de la Isla de Pascua. Aisladas unas, otras en grupos… Todas frías y enigmáticas, mirando inexplicablemente al cielo. Indiferentes ante tu presencia insignificante. Algunas medio enterradas o inclinadas en la tierra. Todas enormes, silenciosas.

»Hay otro lugar… quizás lo más hermoso que he visto. Los arrecifes de coral de Australia. Una increíble variedad de colores meciéndose suavemente bajo las aguas del tranquilo pero masivo oleaje oceánico… Una impresión de paz, armonía y perfección incomparables.»

Y como explicándose, o quizás disculpándose, añadió:

»He tenido la suerte de haber viajado a otros lugares que también merecen ser vistos… Este es uno de ellos, sin duda. —Acompañó la última frase con un gesto que parecía querer mostrar y compartir a la vez el espacio circundante.

»No todo lo que he visto, sin embargo —añadió—, es igual de hermoso. También he llegado a presenciar desgracias y situaciones dolorosas. —Terminó con una sonrisa que intentó que no fuera forzada—. Pero me has pedido que hablara de lo bello.»

—Gracias —dijo el sensei con una inclinación de cabeza, y se dirigió a Antonella.

—Nuestra amiga que ha venido de Brasil —dijo como si la presentara por primera vez a sus compañeros—. ¿Qué podrías contarnos de tu experiencia si tuvieras que reducirla al sentido del oído?

Una sonrisa apareció en el rostro de Antonella. No dudó un instante su respuesta. Su fresca voz sonó lenta, como queriendo transmitir con ella un mundo de sensaciones.

—He escuchado, llena de placer…, a todo el sambódromo de Río de Janeiro cantando a una sola voz *Cidade Maravilhosa*. Solo recordarlo me emociona. Cerró los ojos y, bajando la voz, entonó con una cadencia contagiosa:

Cidade maravilhosa
Cheia de encantos mil
Cidade maravilhosa
Coração do meu Brasil…

»También recuerdo el atronador sonido de las cataratas de Iguazú. Toda la fuerza indescriptible del agua precipitándose a una velocidad increíble, como llena de furia pero a la vez amable, que te salpica con gotitas frescas desprendidas de la gran nube que sale del impresionante torrente. Una cantidad de agua enorme…, que uno no sabe de dónde viene y que parece interminable… Un poder a la vez aterrador y fascinante.»

Y, como si siempre hubiera estado en el trasfondo de su mente, añadió, saboreando las palabras:

—Por supuesto…, la maravilla de la música. Un concierto en directo, una presencia que llena el aire… Y no solo música popular, no… Recuerdo ahora mismo, en especial, una secuencia del coro de la obra de Carl Orff, *Carmina Burana*, que me acompaña con frecuencia.

—¿Y tú, Mari Carmen? —inquirió el sensei tras una pausa—. ¿Qué puedes decirnos sobre la impresión que el mundo te ha dado a través del olfato?… ¿Algún aroma especial…, quizás relacionado con algún recuerdo?

Mari Carmen se retrotrajo sin dificultad a un lugar bien conocido para ella, que había rememorado esa misma mañana.

—El olor de azahar que inunda muchas de las calles de Sevilla —dijo en un tono que trajo a la mente de todos el delicado aroma reminiscente de naranjas frescas. Y no pudo evitar un cierto deje de orgullo al decirlo.

»También un perfume evocador… —Como había hecho Antonella, cerró los ojos, como para sentir mejor—. Ese olor que viene y se va, cuando menos lo esperas, sin que sepas cómo ni por qué…, que cuesta explicar pero que puedes sentir por momentos, como si volviera de pronto a tu lado esa presencia de alguien especial …»

Y añadió, alegremente:

—O el olor de un parque verde después de la lluvia. Tan relajante… Algo capaz de mejorar el mejor día que hayas tenido.

Todos sonrieron.

El sensei, que parecía disfrutar del ejercicio tanto como sus estudiantes, se dirigió a Alberto.

—Es el turno de nuestro joven castellano.

—Maestro, yo lo que empiezo a tener es un hambre atroz —dijo inesperadamente Alberto.

Hubo un estallido de risa general.

—Entonces utiliza tus recuerdos para hablarnos del gusto. ¿Qué nos puedes decir al respecto?

—Pues… Me encanta el sabor de la paella… en todas sus variantes. Esa exquisita combinación de sabores provenientes del mar, de la tierra… Solo recordarlo me hace sentir en los lugares donde la he probado.

»Otros platos que conozco…, y que me han servido para ampliar mi sentido del gusto, porque, como dice mi padre, el gusto también se educa…, son el mole mexicano, con ese suave e inesperado sabor de chocolate … O el *sashimi* de salmón, hecho en láminas que se disuelven en la boca, acompañado de hierbas y con sazón de salsa de soja, que he conocido hace poco en Japón.

»¡Y no me digáis ahora que no os han dado ganas de cenar con todo lo que he dicho!»

—Falta nuestra amiga Victoria —dijo al cabo de unos momentos el sensei—. ¿Qué nos puedes decir de tu sentido de las cosas percibidas a través del tacto?

La expresión de Victoria había ido cambiando a lo largo del día del habitual semblante serio con que empezaba la jornada y que le daba un aspecto reservado y un tanto reticente, a un aire más relajado, con el que habló.

—La sensación más agradable que conozco…, es la caricia de la piel de un bebé. Algo que descubrí con mis hijos. Una cosa tan suave y llena de vida… —y tras unos momentos—: Solo puedo compararlo, sin que le haga justicia…, al roce apenas perceptible del pétalo de una rosa… o a la suave pluma de la más suave de las aves… Es quizás lo único que puede parecérsele. Pero de manera muy remota. Porque la piel del bebé es tibia y flexible…, y está llena de vida. Y acompañada de tantas otras cosas que no sé explicar…

Al ver el silencio que se había hecho en el grupo, continuó.

—Ahora que lo pienso… recuerdo también la arena blanca de las playas de República Dominicana…, en la que te hundes levemente con cada paso. Y la manera en que esos pasos empiezan a ser húmedos al aproximarte a la orilla, hasta que se te inundan los pies de frescura…

»Recuerdo también el tacto de un pequeño escritorio de nogal que tuve cuando vivía con mis padres… Todavía está allí. Años después hice cambiar la mesa de mi despacho por una de madera de nogal, porque quería volver a sentir esa agradable sensación bajo mis dedos…»

—¿Os dais cuenta? —preguntó el sensei—. Todos habéis expresado experiencias muy evocadoras. Porque habéis hablado de cosas que os han dejado huella, y lo habéis hecho con el corazón. Gracias por compartir esas experiencias que conocéis directamente porque las habéis vivido, sin que nadie os las haya contado ni explicado. Y, sin embargo, a pesar de ser algo íntimo y personal…, lo habéis expresado con palabras.

Todos guardaban silencio.

—Ahora, ¿hay alguno de vosotros que se haya sentido transportado, por así decirlo, aunque sea a una sola de las experiencias que acabáis de oír?… ¿Quizás ayudado por algún recuerdo similar… o puede que no…, pero en todo caso sintiendo, casi como propia, la experiencia que estabais escuchando?»

Algunos pronto y sin dudarlo, otros más lentamente y con indecisión, pero todos levantaron la mano.

—Eso es el zen —concluyó el sensei—: una experiencia única, personal e intransferible. Que, no obstante, bajo circunstancias propicias, puede ser, no digamos comunicada, como experiencia directa…, pero sí *sugerida* usando las palabras, como trampolín hacia la búsqueda de empatía con el otro. Quien a su vez, distinguiéndola perfectamente de la suya propia, puede no obstante entender la experiencia ajena, en ocasiones casi como si la hubiera vivido. La vida consiste en experimentar diversidad de situaciones. Pero sobre todo, vivir el presente: aquí y ahora. Incluso en el recuerdo, como acabáis de hacer. Como si no hubiera un día siguiente, ni siquiera una hora siguiente. Como si todo fuera, tan solo, el momento actual.

El sensei observó sus rostros. Sin decirlo, todos rebuscaron en su mente, por un instante, aquellas veces en que no habían disfrutado del momento, quizás por estar distraídos, o pendientes de otra cosa…, o simplemente porque no se habían atrevido. Tantas ocasiones en que la carga del pasado o la incertidumbre del futuro fueron la parte más importante de un presente que perdieron.

—Para ser feliz, entonces —preguntó al fin Victoria—, ¿basta con vivir el presente?

—El presente se justifica por sí mismo. Pero el ser humano es por naturaleza intencional. Planea sus acciones, su vida, en vistas a algo, con un objetivo en mente… Aunque en algún caso no parezca hacerlo así, la sola intención de entretenerse, o de evadir el momento, por la razón que sea…, incluso la búsqueda de un estado de perfecta inacción, de vacío…, ya es un objetivo. Por eso, el presente que nos hace feliz es el que se construye con una idea de futuro…, que puede ser también un futuro inmediato…, aunque por una variedad de razones pudiera no llegar a realizarse.

»Orientados a ese futuro posible que, según vuestro conocido Aristóteles, no es otro que la felicidad, organizamos nuestra vida incluyendo muchos y diversos fines de naturaleza más inmediata, que son parciales o instrumentales, en la medida en que contribuyen a aquel… Un error común es tomar estos fines instrumentales como fines en sí mismos. En particular la riqueza, el poder o el reconocimiento. En primer lugar, porque estos estados deben ser una consecuencia de la práctica de determinadas virtudes; y porque son solo medios que deben ser de ayuda para alcanzar el fin último.»

—Entonces —insistió Victoria, que se negaba a sentirse aludida por las palabras, sin duda, no intencionadas, del sensei—, ¿la felicidad es el presente que se construye orientado hacia un futuro feliz? ¿No es eso una paradoja?

—¿Qué es la vida, si no la mayor de las paradojas?... Un misterio... Un enigma no resuelto... Acaso sin respuesta... Podrías resumirlo así, si quieres. Pero cuidado con las palabras. El presente, más que construirlo, hay que vivirlo. Eso es lo que las palabras por sí solas no transmiten. Necesitamos algo que es mucho más... Como todos acabáis de hacer. Construye tu presente orientado a un futuro, pero que ese futuro sea abierto, que no te impida vivir el momento presente.

—¿Quieres decir, maestro —preguntó John—, que no debemos fijarnos objetivos que sean inamovibles?

—Y el pasado... —dijo Mari Carmen, casi al mismo tiempo— ¿no cuenta para la construcción de ese futuro?

—No se trata de ignorar nuestro pasado ni la posibilidad del futuro —respondió sonriendo el sensei—. Ambos nos pertenecen. Son parte de lo que somos. Pero lo que realmente importa es el presente, porque es lo único sobre lo que podemos actuar. Los seres vivos, ya sean plantas o animales, incluido el hombre, son blandos y flexibles al nacer. Muertos, se tornan rígidos y duros. Que vuestro camino sea flexible y adaptable. Porque la dureza y la rigidez son signos de muerte, mientras que la flexibilidad y la ductilidad son compañeras de vida.

»Ved el agua. No hay nada en el mundo más inconsistente y débil que el agua. Sin embargo, ella desgasta la piedra más dura. De este modo, lo rígido y duro es inferior, y la flexibilidad, la adaptabilidad, superior. Todo el mundo sabe esto, pero pocos lo aplican a sí mismos.»

La travesía

Día 5

Las cinco etapas del aprendizaje

Óptimo mercader es aquel que,
cargado de riquezas, parece siempre pobre; sumo sabio quien, por su perfecta virtud, semeja un tonto.

Lao Tse

Antonella se dirigió al sensei:

—Maestro, ¿cómo puedo adquirir mayor conciencia de mí misma?

—Si te detienes a pensar, y examinas el progreso de lo que has aprendido a lo largo de tu vida y los conocimientos que ahora tienes, quizás reconozcas uno de los cinco modos en que una persona puede progresar hacia la toma de conciencia.

—¿Cinco modos? —preguntó Mari Carmen—. ¿Hay cinco formas de conocimiento?

—Así es. Aunque no todo el mundo recorre necesariamente todas esas vías, e incluso habrá quienes nunca lleguen a los niveles superiores. En cualquier caso, puede ser útil saber que existen.

»Diversas tradiciones señalan un paso progresivo, no siempre con el mismo grado de autoconciencia, del desconocimiento hacia el conocimiento. Empezamos por reconocer nuestras propias carencias, y seguimos por la senda del aprendizaje. Un proceso que culmina en ocasiones, por lo general tras una larga etapa de práctica y perfeccionamiento, en un dominio de las habilidades adquiridas que, si se lleva lo bastante lejos, puede llegar a convertirse casi en un hábito natural.»

—¿Y en qué etapa me encuentro en este momento, y respecto a qué cosas? —inquirió Alberto.

—No será necesario que yo, ni nadie más, te lo diga. Pronto serás tú quien saques tus propias conclusiones.

Todos se sentaron alrededor del sensei.

—Una primera etapa en el progreso hacia la autoconciencia sería la que podemos resumir con la expresión: *No sé lo que no sé.*

»Por encima de su aspecto superficial de trabalenguas, no es difícil de entender: hay cosas que desconozco, las cuales, por el hecho mismo de desconocerlas, ni siquiera sé que existen. Si nunca hemos oído sobre algo, no solo no sabemos que lo ignoramos, sino que, es probable..., aunque no seguro..., que tampoco tengamos la habilidad para lo que dicho asunto pueda implicar, puesto que, al menos hasta ahora, no ha sido relevante para nuestra vida.»

Algunos pusieron caras de desconcierto.

—Por ejemplo —continuó—, antes de que conociéramos la existencia del zen, no sabíamos que teníamos tal carencia. Una consecuencia es que no podíamos desear su aprendizaje. No obstante, puede que los que estáis aquí tengáis habilidades innatas, sin saberlo, para algunas cosas que desconocéis.

—Me recuerda una película... —dijo Alberto—: *Matrix*. El protagonista, que no sabe que vive, como todos, en un mundo ficticio, también desconoce que tiene cierto talento y unas habilidades que van a serle útiles en el mundo real. Los va descubriendo poco a poco, con entrenamiento y con las experiencias que adquiere.

—Así es —continuó el sensei—. La expresión artística, en todas sus formas, contiene a menudo intuiciones muy acertadas. Otras veces, es la vía que voluntariamente escoge el artista para comunicar no ya una intuición, sino sus ideas conscientemente desarrolladas.

El sensei invitó a Takashi una vez más a intervenir.

—Tu ejemplo es acertado, Alberto, porque esa imagen de un mundo real que se nos oculta tras la apariencia de las cosas se encuentra con frecuencia tanto en el arte como en la filosofía. Es una de las ideas que expresa la palabra *māyā* de los escritos hindúes. Es el velo de Isis. Y es la caverna de Platón. Descubrir el mundo real tras ese velo de ilusión es la tarea principal del filósofo.

El sensei retomó la palabra:

—Poseer una habilidad innata desconocida hasta el momento es ciertamente una ventaja. Pero no servirá de mucho si no es descubierta y si no se practica hasta alcanzar niveles de perfección. En contraste, cuando se carece de una habilidad necesaria, pero se hace el esfuerzo por adquirirla y se practica adecuadamente, no es raro que podamos llegar a los niveles que queramos.

»A menudo, puede más el interés y el esfuerzo por lograr algo que tener una habilidad innata y no desarrollarla, lo que, en definitiva, es tanto como no saber que se tiene.

»La segunda etapa podemos llamarla: *Sé lo que no sé.*»

—A veces yo me siento así —dijo Antonella—. De lo único que estoy segura es de que no tengo idea de nada.

—Pues este es, según muchos filósofos —siguió diciendo el sensei—, el primer auténtico paso hacia el conocimiento: cobrar conciencia de nuestra ignorancia. Saber qué es lo que no sabemos es el motor que puede impulsarnos hacia la búsqueda y el descubrimiento.

»Este es el momento de la decisión de aprender, y del inicio del aprendizaje con atención consciente. Tal vez sea también la etapa más incómoda del proceso, en la que descubrimos cuánto nos falta por saber, cuántas habilidades por adquirir y mejorar, cuánto trabajo por hacer.

»Es comparable al esfuerzo lento y constante que hace la semilla para romper la cáscara que la aísla y la separa del mundo, a fin de germinar.

»Es el momento en que el aprendiz, el estudiante, debe ejercitarse, realizar ciertas actividades que podrían parecerle sin sentido en un primer momento, pero que serán fundamentales para su desarrollo.»

Alberto, esta vez tímidamente, como no queriendo interrumpir, levantó la mano. El sensei le pidió que hablara.

—Esa segunda etapa me recuerda otra película: *Karate Kid*, y su famosa escena: *dar cera, pulir cera* —acompañó la expresión con un movimiento de las manos, como si estuviera puliendo el espacio vacío frente a él. Viendo que el sensei aguardaba en silencio, prosiguió, mirando a sus compañeros—: El maestro ponía a su discípulo a pulir diversas superficies. El joven no sabía por qué tenía que hacerlo, no le veía ninguna utilidad… hasta que el maestro le reveló que estaba practicando exactamente los movimientos defensivos que necesitaba.

—Muy bien, joven amigo —aprobó el sensei—: Es bueno que hagas conexiones entre lo que escuchas y tus propios conocimientos. La relación con la propia experiencia es una manera excelente de acercar lo aprendido al entendimiento, y hacerlo tuyo.

»En nuestro caso, sabemos que aun desconocéis una cantidad de cosas acerca del zen y de la filosofía oriental —miró a todos los presentes—. Y queremos superar ese desconocimiento. Queremos saber cuáles son las herramientas y las habilidades que necesitamos adquirir y ejercitar. En este momento sois relativamente conscientes del camino que queréis emprender y de la meta a la que aspiráis, mientras encontráis la manera de llegar a ella.»

—Desde luego —dijo Mari Carmen con una cierta resignación en la voz—, si queda tiempo de hacer el recorrido que, por lo que creo, es largo.

—Hablaremos sobre el tiempo. Y tendremos *tiempo* para hacerlo con la calma debida —respondió el sensei—. Pero podemos adelantar algo. —Todos reconcentraron su atención—. El tiempo que podemos calcular que nos queda de vida…, que es seguramente en lo que estás pensando…, se basa en nuestra apreciación de la experiencia general, que, en realidad, es una apreciación estadística. La cual, como toda estadística, no está garantizada para ningún caso concreto. El joven no piensa en la muerte porque la ve lejos…, pero en realidad Podría estar a la vuelta de la esquina. Mientras que el viejo, en realidad, ignora de cuánto tiempo dispone…, y podría ser más de lo que imagina. Por otra parte, los caminos existentes son tantos…, y podrían existir otros nuevos…, que no conviene suspender nuestra búsqueda. Ante este problema estamos todos en igualdad de condiciones.

Los rostros parecieron reflejar, cada uno a su manera, variadas actitudes. Pero nadie dijo nada. El sensei prosiguió:

—En cuanto a la tercera etapa de la autoconciencia, podemos llamarla: *Sé lo que sé.*

»Es el momento en el que cobramos conciencia de lo que realmente sabemos: que para la mayor parte de nosotros, y la mayoría de las veces —añadió el sensei con una sonrisa—, suele ser poco o muy poco. No obstante, saber que sabemos…, lo que no implica aún sabiduría, sino que puede tratarse de un saber particular sobre alguna cosa concreta…, ya es, en cierto modo, un nivel superior de conciencia, que involucra cierto nivel de dominio sobre lo conocido.

»En este nivel, que es, aunque no pudiera parecerlo, bastante habitual, sobre todo en lo concerniente a saberes particulares, tenemos conciencia de lo que sabemos y disponemos de una cierta experiencia que nos permite un cierto grado de perfección. Si bien, por lo general, debemos mantener la atención en lo que hacemos. No nos podemos relajar excesivamente, so pena de equivocarnos.

»Esa conciencia de nuestros saberes parciales puede llevarnos con frecuencia a algún punto en que, al límite de lo que sabemos, nos encontremos con la siguiente cosa que ignoramos. Entonces volvemos, por momentos, a la segunda etapa anterior, de germinación, la que, como dijimos, constituye el auténtico primer paso.

»Y es que incluso las cosas que llegamos a hacer con consumada pericia, suelen estar rodeadas de condicionantes que no manejamos del todo, o bien pueden surgir imprevistos que nos obliguen a mantener o a reforzar nuestro nivel de atención. Por eso es prudente considerar lo que sabemos como una aproximación, que siempre se puede mejorar. Aquí se sitúan, entre otras, las habilidades latentes que empezamos a reconocer en nosotros, e incluso a dominar en cierta medida.

»Esta etapa es peligrosa porque quien tiene conciencia de lo que sabe puede estar tentado a creerse más experto de lo que es, e imaginar que lo sabe todo sobre el tema o, lo que es peor, sobre todo en absoluto. O creerse insuperable en la pericia que posee. Su ego lo puede traicionar fácilmente porque aún no ha unido su conocimiento con el conocimiento de sí mismo y con el todo más allá de él.»

El sensei se quedó mirando a la audiencia, como esperando algo.

—¿Algún comentario?

Antonella, sorprendida de que la interrupción del sensei coincidiera tan exactamente con el curso de sus propios pensamientos, decidió expresarlos:

—Bueno.., sí. Es otra escena de película, maestro —miró a Alberto, que la observaba atento.

—¿Quieres compartirla con nosotros?

—He recordado una escena de *El indomable Will Hunting*, donde el protagonista, Will, un joven huérfano que es un genio pero que ha tenido una vida complicada, y Sean, el psicólogo al que está acudiendo, se encuentran el día siguiente a una conversación en la que Will ha hecho gala de su inteligencia y sus conocimientos, impresionantes para un muchacho de su edad, con los que ha trivializado la vida y los sentimientos de Sean.

»El psicólogo le responde que Will es, en realidad, solo un niño, que no tiene idea de lo que habla. Recuerdo bastante bien la escena, porque me hizo pensar mucho sobre mí misma.»

—¿Podrías recordarla para todos?

—Sean le dice, más o menos:

»Si te pregunto sobre arte, me responderás con datos de todos los libros que se han escrito. Miguel Ángel, por ejemplo. Lo sabes todo. Vida y obra. Aspiraciones políticas. Su amistad con el papa, su orientación sexual… Lo que haga falta. Pero no puedes decirme cómo huele la Capilla Sixtina. Nunca has estado allí ni contemplado ese hermoso techo. *No lo has visto*.

»Si te pregunto por la guerra, probablemente citarás algo de Shakespeare: *¡De nuevo en la brecha amigos míos!*… Pero no has estado en ninguna.

»Si te pregunto por las mujeres, supongo que me darás una lista de tus favoritas. Puede que incluso hayas tenido alguna experiencia con alguna. Pero no puedes decirme qué se siente cuando te despiertas junto a una mujer y te invade la felicidad.

»Si te pregunto por el amor, me citarás un soneto. Pero nunca has mirado a una mujer y te has sentido vulnerable. Ni te has visto reflejado en sus ojos. No has pensado que Dios ha puesto un ángel en la tierra para ti, para que te rescate de los pozos del infierno. Ni qué se siente al ser un ángel para ella. Darle tu amor, darlo para siempre y pasar por todo, incluso por el cáncer.

»No sabes lo que es dormir en el hospital durante dos meses cogiendo su mano, porque los médicos vieron en tus ojos que la expresión «horario de visitas» no iba contigo. No sabes lo que significa perder a alguien, ya que solo lo sabrás cuando ames a alguien más que a ti mismo. Dudo que te hayas atrevido a amar de ese modo.

»Eres huérfano, ¿verdad? ¿Crees que sé lo dura y penosa que ha sido tu vida?… ¿Como te sientes?… ¿Quien eres?… ¿Porque he leído *Oliver Twist*? ¿Un libro basta para definirte?... No puedo aprender nada de ti ni saber nada de ti a través de un libro.

»Eres un genio Will, eso nadie lo niega. Pero te miro y no veo a un hombre inteligente y confiado. Presumes de saberlo todo. Y lo que veo es a un niño engreído y muerto de miedo ante la vida de verdad.»

El grupo quedó en silencio. Al cabo de un tiempo, el maestro dijo:

—Recuerdas admirablemente la escena... Es obvio que significó algo importante para ti.

Antonella asintió en silencio.

—El personaje Will, tal como se nos presenta —siguió el sensei—, tiene, en efecto, un conocimiento del que se sabe consciente. Pero confunde su conocimiento, que es indirecto, con la realidad objetiva, con la vida, que es siempre mucho más.

—¿Quiere decir —intervino Alberto— que para saber algo de verdad hay que experimentarlo?

—¿Y hay que experimentarlo todo? —añadió Mari Carmen, casi al mismo tiempo.

—No todo —replicó el sensei—. En primer lugar, hay conocimientos que no tratan de cuestiones de experiencia. Ciertas construcciones mentales, por ejemplo, como la matemática, las creaciones del arte o las interpretaciones de la filosofía. En estos casos, la experiencia es racional, intelectiva o, más ampliamente, de naturaleza mental. Recordemos también que la vida posee además un componente subjetivo, que no por ello es menos experimentado.

—En esos casos, ¿la experiencia consiste en el pensamiento detallado del objeto? —preguntó John.

—Tan detallado que conozcas todos sus componentes, todos sus vericuetos. Solo así puedes decir que sabes lo que sabes… —el sensei miró atentamente a sus estudiantes—, lo que es extremadamente difícil, incluso para el creador de una idea. No pocas veces una invención supera las previsiones de su creador.

El sensei prosiguió diciendo:

—Luego, hay cosas que solo podemos conocer en forma indirecta. Muchos de nuestros conocimientos científicos, e incluso de la vida diaria son indirectos: las partículas atómicas…, los animales que solo hemos visto en los libros, la forma de la galaxia, los acontecimientos históricos…, y hasta la vida anterior de nuestros compañeros. Hay cosas que sabemos porque las deducimos, o porque nos las cuentan.

—La experiencia de esas cosas… ¿es imposible? —preguntó Victoria.

—Aquí también, nuestra experiencia de este tipo de conocimiento consiste en razonarlo, relacionarlo con lo conocido e intentar corroborar sus consecuencias. Así procede la ciencia. Si sucedieron ciertos hechos históricos, algún vestigio, algún testimonio debe existir. Si un amigo nos refiere un episodio de su vida, alguna huella debe haber dejado en él.

—Pero las cosas que nos ha contado Antonella de las que habla Will no son ideas o construcciones mentales. Son conocimientos indirectos, pero de cosas que él podría llegar a conocer directamente. Que podría experimentar pero no ha experimentado… ¿Por eso su conocimiento es falso? —preguntó Victoria.

El sensei esbozó una sonrisa.

—Finalmente, como nos recuerda Victoria, gracias, hay cosas de las que podemos tener un conocimiento práctico y directo… Son aquellas que cuando las conocemos por referencia pierden en intensidad. Cosas que, para conocerlas de verdad —observó a Alberto, como respondiendo su anterior pregunta—, habría que experimentarlas. Pero ello —y ahora miró a Mari Carmen— no significa que haya que experimentarlo todo. Eso no solo es impráctico sino imposible. La vida humana es limitada, aunque no sepamos dónde está su limite. Por eso, necesariamente tenemos que escoger. A menudo sucede que la elección de un camino nos veta la posibilidad de ir por algún otro.

»Pero no solo es impráctico e imposible tener todas las experiencias. También es inconveniente. Porque hay caminos que es mejor no transitar, aunque ello implique una limitación de nuestro conocimiento. Caminos que pueden ocasionar, a otros o a nosotros mismos, más daño que beneficio.»

—¿Te refieres al mal, maestro? —preguntó Mari Carmen después de unos instantes.

—Así es. Que nuestro conocimiento del mal no sea nunca una experiencia directa.

—¿Y si por alguna razón —intervino Victoria— una persona hace algo malo?

—Deberá salir de ese camino cuanto antes para no volver a él. Es el único conocimiento cuya práctica siempre es mejor evitar.

—¿Y cómo reconocemos el mal camino?

—No es tarea fácil. Es una labor en la que incluso puede llegar a extraviarse un filósofo —advirtió el sensei—. Por eso es importante que revisemos constantemente nuestras acciones, y que estemos dispuestos a cambiar de rumbo cada vez que sea necesario.

Y añadió:

—Quizás el senpai quiera ilustrarnos con una historia de los textos antiguos.

Takashi hizo un gesto de cortesía a su maestro y tomó la palabra.

—En cierta ocasión, el filósofo Gao Zi dijo que la naturaleza humana es como una corriente de agua que fluye desde un recipiente. Si se abre un agujero al este, correrá hacia el este. Si se abre un agujero hacia el oeste, correrá hacia el oeste. Así, concluyó, la naturaleza humana no distingue entre el bien y el mal, igual que el agua no distingue entre el oeste y el este.

»A esto respondió Meng Ke, conocido en Occidente como Mencio, que ciertamente el agua no distingue entre el este y el oeste pero, ¿tampoco distingue entre arriba y abajo?… La naturaleza del hombre debe compararse más con esta otra propiedad. No hay hombre que no tienda al bien como no hay agua que no tienda a fluir hacia abajo. Esa, no otra, es la esencia del ser humano.»

—Gracias, senpai —retomó la palabra el maestro—. La naturaleza del bien y del mal es un problema complejo, entretejido con el de la propia naturaleza humana y del mundo. Lo que nos sirve como recordatorio de que, incluso en esta etapa en la que tenemos conciencia de lo que sabemos, la anterior a esta, la conciencia de lo que no sé, sigue vigente. Es importante no olvidar que el paso a un nivel superior de conocimiento no significa el abandono del inferior en todos los aspectos. Siempre nos quedarán espacios no cubiertos, resultado de nuestras limitaciones. Por lo que ambas etapas pueden ir juntas. De hecho, ambas nos acompañan a lo largo de toda nuestra vida.

—Creo que yo estoy más en la etapa segunda que en la tercera —reflexionó John.

—Si eso dices, es que tienes una aguda conciencia de tus carencias. Lo cual puede ayudarte a mejorar.

»La cuarta etapa —siguió diciendo el sensei— puede resumirse con las palabras: *No sé lo que sé.*

»Este es el máximo nivel de habilidad y conocimiento que llega a alcanzar la mayoría de las personas.

»En ocasiones puede suceder, por lo general después de un largo periodo de estudio y práctica, que lleguemos a interiorizar un conocimiento, una habilidad que manejamos con tal destreza que casi olvidamos conscientemente que lo poseemos, a medida que su práctica, virtualmente perfecta, se hace para nosotros como una segunda naturaleza.

»Incluso, si nos preguntan cómo lo hacemos, puede que en un primer momento no sepamos contestar con exactitud. Es, simplemente algo que hacemos sin darnos cuenta. Aquí, una vez más, hablamos de algo más cotidiano de lo que pudiera parecer. Todos tenemos algunas habilidades de este nivel, como usar correctamente la gramática al hablar, saber la presión que debemos ejercer para coger un vaso sin romperlo, o guardar el equilibrio cuando montamos en bicicleta.

»Este grado de sabia inconsciencia, si llegamos a ella, es resultado, la mayoría de las veces, de un largo recorrido consciente a través de las etapas anteriores.»

—Es verdad. Recuerdo cuánto me costó aprender a montar en bicicleta... y luego, ya lo hacía sin darme cuenta —comentó Alberto.

Siguió una pausa, en la que nadie dijo palabra. Antonella, revisando en su cuaderno, repuso al fin, tímidamente:

—Sensei..., habías dicho que eran cinco las etapas del aprendizaje.

—Veo que haces buen uso de tus notas. Así concentras tu atención en lo que deseas con la seguridad de que puedes retomar el hilo cuando quieras sin necesidad de confiar excesivamente en la memoria. Esa es precisamente la utilidad de los textos.

»En efecto, hay una quinta etapa en el progreso del conocimiento. Es difícil de definir. Pero podríamos aventurar algo como: *Soy más allá de lo que sé.*»

Todos permanecieron expectantes. El sensei dijo:

—Es la perfecta comunión con el objeto... En cierto sentido, un retorno al origen, una integración plena con el vacío que engendra todas las posibilidades. Aquí la persona no se diferencia de su camino. En esta etapa, si se llega a ella, el yo se funde con el todo, más allá de nuestro interés consciente. Te haces uno con el objeto, y desaparece la dualidad del yo y el tú.

»Las etapas anteriores podemos explicarlas. Este estado se caracteriza por el silencio. Es la culminación del conocimiento, más allá del propio conocer. Pero no es inalcanzable.»

—¿Ese es el objetivo que nos proponemos? ¿Llegar a ese quinto nivel? —inquirió Antonella.

—No. No puede ser algo buscado. Si surge, lo hará sin que apenas nos demos cuenta. Mientras que los niveles anteriores apuntan a un grado creciente de toma de conciencia, una vez alcanzada esta, existe todavía, en algunos casos, un grado más elevado de conocimiento que, de forma paradójica, no se diferencia a primera vista de la ignorancia.

»No obstante, esta etapa no es patrimonio de elegidos. Está abierta a todos.»

Los presentes hicieron silencio, y algunos rebuscaron en su mente algún ejemplo de semejante nivel de maestría en su propia vida, del que no hubieran sido conscientes hasta ahora.

—¿Puedo, una vez más —terminó el sensei— suplicar a nuestro querido senpai que nos ilustre este punto?

Takashi contestó con una profunda reverencia.

—Estoy aquí, sensei, para servir humildemente. Y, si me permites decirlo, es algo que me llena de satisfacción.

Tras lo cual, expuso:

—Había una vez un maestro de esgrima en cuya casa entró una rata. La gata del maestro no lograba cazarla, y el maestro, furioso, intentó él mismo acabar con ella. Pero la rata, que era muy ágil, escapaba como un rayo a todos los movimientos de su espada, con lo que el maestro solo consiguió destrozar a tajos su propia casa. Finalmente, cansado, decidió traer unas gatas del vecindario que tenían fama de buenas cazadoras. Pero la rata se agazapaba en un rincón desde el cual saltaba y se escabullía de cuanto animal intentaba atraparla.

»Desesperado, el maestro de esgrima mandó a su sirviente a buscar a una gata famosa llamada Luna, de la que se decía que era la mejor cazadora del mundo. Cuando la trajo, Luna no parecía ser muy diferente a las otras, no se veía particularmente inteligente ni perspicaz. El maestro dudó, pero la dejó entrar. Luna entró tranquilamente y, cuando se acercó a la rata, el huidizo animal se estremeció y quedó inmóvil. Luna solo tuvo que acercarse despacio y agarrarla entre los dientes.

»Esa noche, las gatas que habían sido derrotadas se reunieron e invitaron respetuosamente a Luna a ocupar el puesto de honor. Le dijeron:

»Todas nosotras tenemos fama de hábiles cazadoras. Hemos atrapado con facilidad todo tipo de roedores, víboras y comadrejas. Pero nunca habíamos encontrado alguien como esta rata. ¡Por favor, cuéntanos tu secreto!

»La vieja gata Luna rió y dijo: Vosotras, gatas jóvenes, sois muy diestras, pero no conocéis el verdadero camino. Por eso habéis fracasado al encontraros con algo que no esperabais. Pero contadme cómo os habéis adiestrado.

»Una ágil gata negra se adelantó y dijo: Provengo de una estirpe que es famosa por la cacería de ratas. Puedo saltar vallas de dos metros de altura y pasar por agujeros por los que no cabría un pequeño animalejo. Desde niña he practicado todas las artes acrobáticas. Apenas al despertarme, si veo una rata atravesar el balcón, salto sobre ella y ya la tengo. Pero la rata de hoy era más fuerte y me ha derrotado.

»Entonces dijo Luna: Tu entrenamiento es solo técnica. Tu espíritu se pregunta siempre cómo ganar, y sigues apegada a la búsqueda de la meta. Cuando se piensa solo en la técnica y el éxito, y no se pone en acción la sabiduría, se gana destreza; pero esa búsqueda permanente del éxito, a la larga, te hace vulnerable.

»Una gata grande y atigrada dijo: En el arte, lo esencial, me parece, es el espíritu. Me he entrenado mucho para desarrollar mi intuición. Con el poder de la intuición controlo cualquier situación y preveo cualquier movimiento. De la técnica no me ocupo en absoluto, ya que me viene sin esfuerzo. Con solo mirar a mi adversario, cualquier rata cae rendida a mis pies y es mía. Pero esta ha podido huir de mí, y no lo entiendo.

»Luna dijo: Nos dices que te has ocupado de tu intuición, pero solo has obtenido poder mental. El solo hecho de estar consciente de la fuerza con la que quieres vencer contrarresta tu victoria. Tu *ego* está en juego. ¿Y qué ocurre cuando el *yo* del otro es más fuerte? ¿Crees que no hay nadie más fuerte que tú? Si el enemigo no tiene nada que perder, está libre de la angustia del triunfo o la derrota, y su voluntad es de acero, puede llegar a derrotarte. Tu intuición no es completa, ya que no está carente de juicio, y solo es un reflejo de tu propia interpretación de las cosas. No puedes vencer solamente con la intuición si está limitada por el juicio.

»Entonces se adelantó lentamente una gata gris más vieja y dijo: Si es verdad lo que dices, la intuición, por fuerte que sea, tiene su alcance en uno mismo y, por tanto, puede ser dominada. Por eso, desde hace tiempo me adiestré en la gran fuerza que trasciende el yo. No ejerzo la fuerza para vencer al otro, sino que entro en contacto con la energía de mi opositor, me fusiono y me vuelvo uno con él. Si el otro es más fuerte, yo simplemente cedo. Un adversario que quiera atacarme, por fuerte que sea, no encuentra resistencia en la que apoyarse. Pero esta rata no entró en mi juego. Nunca me había sucedido nada así.

»Replicó Luna: Lo que tú llamas fusionarse con la energía del otro no sale del ser, no es natural; es una compenetración construida, artificial: un truco. Si para escapar del espíritu de agresión del enemigo piensas en no ser agredida, estás atrayendo esa energía, con lo que el adversario puede darse cuenta de tu intención. Solo cuando no se piensa en nada, cuando no se hace nada, cuando uno se entrega a la espontaneidad del ser, ya no tiene forma concreta y nada en el mundo puede obstaculizarlo. Entonces no hay enemigo que pueda oponerse.

»Dijo Luna a todas las demás gatas: De ninguna manera creo que todo aquello en lo que os habéis adiestrado sea inútil. Cada cosa puede ser una etapa del camino. Técnica, intuición, compenetración… Pero, en definitiva, es esencial que no haya ni rastro de conciencia del yo. Solo cuando se está libre de la conciencia del ego, cuando se actúa sin actuar, sin buscar la manipulación, sin truco alguno, cuando se abandona toda intención y se deja que todo ocurra desde el ser, en armonía y con naturalidad, se está en el camino. Y este camino no tiene fin, es inagotable.

»Entonces la gata Luna añadió algo más: No deben creer que lo que les he dicho sea la última palabra. No hace mucho tiempo vivía, en una aldea cercana a la mía, una gata que se pasaba el día durmiendo. Nada que pareciera fuerza espiritual se evidenciaba en ella. Nadie la había visto jamás cazar una rata. Pero ¡donde ella estaba no había ratas! Una vez la busqué y le pedí consejo. No me dio respuesta alguna. Le pregunté tres veces. Ella callaba. No porque no quisiera contestar, sino porque no sabía qué contestar. Esta gata no hacía esfuerzo, solo fluía como el río fluye para llegar hasta el mar. Había alcanzado el grado más alto de desarrollo. Vencía sin siquiera luchar. Para esto todavía me falta mucho.»

La travesía

Día 7, mañana

El cambio

Lo único permanente es el cambio.

Heráclito

—¿Cómo sabemos que una experiencia es real?

La pregunta directa del sensei cogió por sorpresa al grupo. Transcurrió casi un minuto antes de que Antonella respondiera tímidamente:

—Porque la vivimos en el momento presente. Aquí y ahora. Puede ser una experiencia compartida, observable por otros, o solamente mental. Pero si la vivimos plenamente solo puede ser verdadera.

—Luego la prueba de su verdad está…

—¿En sí misma?

—En efecto. Lo sabemos por nuestra experiencia directa. Pero, ¿qué me dicen del sueño? ¿De las fantasías, de la imaginación?

—Por lo que nos has enseñado —dijo John—, responde al mismo principio. Obviamente, no son una experiencia objetiva, sino privada. Pero aun así, real. Mi sueño ha sido real para mí. Lo he vivido. Aunque no pueda demostrarlo. Aunque no sea real para otros… Aunque en su esencia deba permanecer incomunicable para siempre.

—Dices bien, John, salvo en una cosa: yo no os he enseñado nada. Sois vosotros los que habéis aprendido mediante el ejercicio de vuestra inteligencia y la puesta en práctica de lo que habéis oído y discutido. Yo solo he sido el vehículo, al igual que el senpai.

El sensei acompañó sus últimas palabras con una humilde inclinación de cabeza, a la que se unió el senpai, en dirección al grupo de estudiantes. Estos, confundidos, pero siguiendo los gestos de cortesía a los que se iban acostumbrando, respondieron a su vez con una reverencia.

—Pero no has respondido a la segunda parte de mi pregunta —insistió el sensei con una sonrisa.

—La imaginación… Pienso que podría intentar convertirla en realidad… En cuyo caso podría llegar a ser una experiencia objetiva.

Hizo una pausa, y Alberto a su vez dijo:

—Y las fantasías… se me ocurre que pueden servir para entretener, al menos.

—Todo ello forma parte del camino —dijo el sensei—. Y le da flexibilidad, además de complejidad, al presente. La distinción que habéis hecho es importante, como es importante no confundirlas. La experiencia es real. La imaginación, la fantasía… no lo son. A menos que las convirtamos en realidad. Por eso es que debemos desconfiar de las meras palabras.

»Y ahora, quiero proponerles un problema. Experimentar el presente, vivirlo, ¿implica aceptarlo sea cual sea?»

—Nos has dicho… —empezó Mari Carmen—, perdón, hemos visto… —el sensei aprobó con una sonrisa— que no es posible tener todas las experiencias. Es más: tampoco es deseable. Luego no deberíamos aceptar el presente si el presente es el mal. Creo —añadió— que nuestro deber es cambiarlo. Para lo cual, podemos poner en funcionamiento nuestra imaginación… y nuestras fantasías.

—Por otra parte —intervino Alberto—, si debemos ser flexibles, como hemos concluido anteriormente, y el agua es el mejor ejemplo de adaptación, porque, según aprendimos en la escuela... —y recitó con una cantinela—: *el agua adopta la forma del recipiente que la contiene...*, ¿no quiere decir esto que nos adaptemos a lo que sea?... Aunque yo no me adapto a lo que no me gusta. También prefiero cambiarlo.

—Muy bien, Alberto —respondió el sensei—. Si os negáis a aceptar cualquier presente, es porque vuestro espíritu es noble, y no está presto a seguir direcciones erróneas. El agua es una metáfora, como pueden serlo otras cosas: el río, el viento, los pájaros... Son solo imágenes que sirven para ilustrar una idea. Pero recordad la discusión entre los filósofos Gao y Mencio. Una misma imagen puede ilustrar conceptos opuestos. Es un arte escoger bien las imágenes, y usarlas como corresponda.

»Ser como el agua no implica aceptarlo todo. No equivale a renunciar a pensar. Recordemos la otra propiedad del agua: su capacidad de gastar la piedra. Esta es una metáfora pertinente. Ante cualquier forma del mal..., sea la injusticia, el maltrato, la supresión de la libertad, la calumnia..., la oposición frontal suele generar enfrentamiento, violencia. Y en muchos casos arriesgamos un recrudecimiento de la situación. En cambio, la oposición sutil, que busca persuadir, puede ser mucho más eficaz. Y como la gota de agua que cae constantemente sobre la dura roca, a la larga vencerá. Porque todo cambia. Nada dura eternamente.»

—¿Por qué es esto, maestro? —preguntó Antonella, con un tono de punzante curiosidad.

—Porque el mundo, la naturaleza toda, es cambio. Las estaciones lo revelan con su recurrencia. Todos los seres se renuevan. Los seres vivos desaparecen, y aparecen otros nuevos. Hasta el sol y las estrellas del cielo cambian. Nuestro planeta no ha sido siempre igual. Nos lo enseña la ciencia, desde la arqueología y la historia a la astronomía. La ciencia da un apoyo racional a la sabiduría que desde antiguo se ha expresado en muchos textos. Y si todos participamos de una red de interdependencias, como es evidente en la vida, el cambio de todas las cosas es la conclusión inevitable. El constante cambio es lo único permanente.

—Entonces, ante la injusticia, ante el mal… —empezó diciendo John.

—… es mejor actuar con ingenio y agudeza —concluyó Alberto—. Ser flexibles, adaptándonos para alcanzar el objetivo.

El sensei hizo un gesto de aprobación a Alberto.

—Ser flexibles —añadió— con la flexibilidad del bambú: lo bastante para doblarnos todo lo que sea necesario, pero no tanto como para rompernos.

—Doblarnos, pero no doblegarnos —dijo John.

—¿Y así… —protestó Victoria— es como vivimos el presente? Había entendido que se trataba de aceptar las cosas, no de forzarlas de forma disimulada.

—No las fuerzas si actúas en base al principio de no acción —explicó el sensei—. El sabio que sigue el principio del *wu wei*, sin hacer, lo logra todo. Esto es porque no se opone a su propia naturaleza. Busca, como el agua, una vía de salida. O como el bambú, que parece que se dobla solo para después recuperar su altura. La del sabio es la flexibilidad bien entendida, de modo que sea el propio mal el que tropiece con su acción contraria a la naturaleza, mientras que él sigue la naturaleza siempre.

—¿Y cómo sabemos que esa «no acción», que en realidad está haciendo, sigue la naturaleza?

—Porque la naturaleza está fuera y también dentro de nosotros —agregó el sensei, y echó una mirada alrededor—: Somos seres naturales, ¿no?

Victoria no pudo menos que asentir.

—Y en nuestro interior tenemos motivaciones que nos llevan a actuar. La labor de autoconocimiento nos permite descubrirlas. Solo tenemos que seguirlas.

—¿Qué motivaciones son esas? —preguntó Alberto.

—Son funciones propias del ser humano, algunas de las cuales compartimos con los animales, como la necesidad de dormir, la necesidad de afecto…, y otras que compartimos con las plantas, como la necesidad de alimentarnos. Pero las más importantes, que nos definen específicamente, son las intelectuales, que nos impulsan a la acción y, por ende, al cambio. Ahí residen la razón junto con la imaginación, la intuición y los sueños. Al vislumbrar nuestro intelecto un futuro que entiende bueno y deseable, a veces sin que nos demos cuenta nos orientamos hacia él. Es un impulso tan natural como las otras necesidades básicas.

—Disculpa, maestro. Esa situación futura no es segura ya que, si no entiendo mal, existe solo como una posibilidad.

—Así es, Alberto. Esa situación posible puedes pensarla como la idea de un futuro feliz al que orientamos el presente…, como lo definió Victoria en nuestra charla anterior.

»Pues bien, esa idea es a veces el resultado consciente de nuestras tendencias naturales, que muchas veces pueden ser inconscientes.»

—Pero podemos equivocarnos.

—Por desgracia sí, Victoria. Porque nuestra complejidad es mayor que la de los animales. Los animales y las plantas no se equivocan. Pero tampoco aciertan. Solo avanzan dejándose llevar de sus impulsos. A veces esos impulsos se oponen unos a otros. El león quiere matar a su presa, mientras que esta quiere huir. Ambos buscan seguir viviendo, y es la naturaleza la que resuelve la situación. Para nosotros la vida es más difícil, porque nuestro intelecto nos hace ser conscientes de esos impulsos opuestos.

»Por eso es importante desarrollar el conocimiento de nosotros mismos. Como seres pensantes y sintientes podemos orientarnos de forma más completa y mejor... a condición de que nuestra reflexión sea acertada.»

—Parece difícil —dijo Victoria, quizás más para sí misma que para los demás.

—Lo es —asintió el sensei—. Aunque quizás no tanto como parece. Es cuestión de analizar y decidirnos por lo más apropiado a nuestra propia naturaleza..., sabiendo que deberá coincidir con la de todos. El error surge a veces porque no tenemos *conciencia* plena de nuestra situación y de la de los demás, o porque no estamos dispuestos a aceptar la *responsabilidad* de nuestras acciones, y porque tampoco tomamos siempre la *decisión* correcta... Y, en ocasiones, porque no nos atrevemos a hacerlo.

La travesía

Día 7, tarde

El apoyo

Todos los hombres son iguales excepto por la creencia que tengan en sí mismos, sin importar lo que otros piensen de ellos.

Miyamoto Musashi

—¿Cuál es la función del senpai en todo esto? —Victoria hizo la pregunta al propio senpai. Al fin y al cabo, pensó, ¿quien mejor que él mismo para responder?

—El senpai —respondió Takashi— es como un mapa indicador de posibilidades, más cercano al aprendiz en razón de que él mismo es aprendiz. Está para acompañar en las diversas situaciones, aclarar dificultades, y facilitar al avance en la dirección que decida seguir el estudiante.

»Para cumplir su tarea, el senpai debe ser capaz de inspirar confianza. Y para ello cuidará su manera de hablar y de responder, debe demostrar pericia con humildad, y emplear un lenguaje claro y preciso.

—Una tarea exigente —reflexionó John—. Y un filtro para muchos, supongo.

—Sí… —reconoció Takashi—. El senpai es la persona más cercana al sensei, un puente entre este y el estudiante, y quien quizá algún día, si llega a reunir las condiciones, actúe a su vez como sensei —dirigió una mirada respetuosa a su maestro, que en esta ocasión se mantenía al margen de la conversación—. También por eso, el senpai debe mantenerse atento y consciente de su propio progreso. Sobre todo, debe entender que, en lo personal, difícilmente podrá dar a otros lo que él no posea.

Antonella, recordó:

—Mi abuela decía precisamente eso: nunca se puede pedir a la copia lo que el original no tiene.

—Es una buena frase. Gracias —respondió Takashi—. Puede ayudar a recordar las habilidades y las cualidades que su trabajo exige desarrollar al senpai: un grado relativamente alto de proximidad al estudiante, un manejo delicado de las circunstancias y, probablemente, de algunas cuestiones confidenciales.

»El senpai debe ser una persona responsable, generosa, atenta, consciente y eficaz, capaz de motivar a los demás. Por lo que debe, ante todo, conocerse a sí mismo.

»Cuanto más consciente sea de sí, y de las dificultades que debe superar, y siempre que no olvide los esfuerzos que él mismo tuvo que hacer en su momento para lograr sus metas…, podrá aspirar a ser el senpai que el estudiante necesita. Sobre todo, no debe olvidar que no siempre fue senpai, y que algunas cosas le resultaron tan difíciles o más de lo que pueden resultarle hoy a los estudiantes a los que asiste. Esa conciencia de sus tropiezos y dificultades le será de gran ayuda para su comprensión de los demás.»

—Entonces —dijo John—, ¿lo más importante para el senpai es la persona a la que asiste?

—Así es. Debe desarrollar un sentido más allá de sí mismo, de auténtica comprensión del otro. Sus acciones deben fluir con naturalidad, sin formulismos, sin necesidad de ejercer control consciente, haciendo lo difícil fácil, como si, en apariencia, no tuviera una conciencia directa y constante de lo que en realidad está haciendo.

—Es el cuarto nivel de conocimiento… —recordó Mari Carmen.

—Así es… —Takashi asintió con una sonrisa.

—¿Y cómo hace para desempeñarse con gente tan diversa como nosotros? —preguntó Victoria.

El sensei permanecía en segundo plano, atento al desarrollo de la conversación.

—El senpai —expuso Takashi— debe adaptarse a cada estudiante en cada momento. Como dijo Musashi, «que el maestro se vuelva aguja y el discípulo hilo, y que los dos entrenen sin descanso». Por eso, el senpai debe compartir la actitud del estudiante como su filosofía de trabajo, y perseguir objetivos comunes con cada persona.

—Muy difícil, me parece —intervino Alberto.

—Quizás convenga aclarar que la filosofía de trabajo no es necesariamente la filosofía de vida. Cada quien elabora su propia respuesta ante la vida…, y la filosofía personal del senpai no tiene que coincidir con la del estudiante.

—Más difícil todavía —insistió Alberto.

—Es exactamente el caso con que nos encontramos ahora. Vuestra actitud ante la vida se fundamenta, entre otras cosas, en vuestra propia cultura y en las costumbres que habéis heredado, o aprendido, y que son en diversos aspectos distintas de las que tenemos aquí. Lo que, lejos de ser un problema, es una valiosa oportunidad de aprendizaje.

Victoria apuntó:

—Me sería particularmente difícil compartir con personas que no tuvieran objetivos similares a los míos.

—Pero es exactamente lo que estás haciendo aquí —respondió Takashi, con una mirada inquisitiva.

—Mmm… Supongo que sí… —admitió Victoria.

—Ya es un adelanto darse cuenta. ¿Puedo felicitarte por este pequeño…, o gran cambio?

Victoria, por primera vez, esbozó una sonrisa.

—La labor del senpai… o la del sensei… se parece, entonces, a la de un mentor —dijo John—. Lo que en Occidente llaman *mentoring*.

El senpai y el sensei cruzaron una mirada.

—Así es —dijo Takashi—. Dicho brevemente, se trata de ser un consejero sensato.

—Como Méntor, de quien proviene el nombre —John miró a sus compañeros—. El personaje a quien Ulises encomienda, durante su ausencia, la educación de su hijo…, y al que en alguna ocasión sustituye Atenea, la diosa de la sabiduría.

—Es que el mentor es en realidad un guía. Para lo cual necesita ser sabio —explicó Takashi—. Una función que corresponde más al sensei.

Miró al sensei, quien le indicó con una leve inclinación de cabeza que siguiera adelante.

—El sensei —prosiguió Takashi—, con un nivel de conocimiento superior y más experimentado, está en capacidad de enseñar el camino, no solo mostrarlo… Transmitir conocimiento, no solo motivarlo. En ocasiones, proporcionar al estudiante lo que necesita, si le cuesta obtenerlo por sí solo… Impulsarlo a actuar, en vez de solo esperar que actúe. Modelar su conciencia sin generar dependencia, respetando su integridad y sus límites…, actuando más allá del ejemplo que también debe proporcionarle. Y evaluar, gracias a su mayor capacidad, el resultado obtenido en forma objetiva, además de la evaluación que pueda hacer de sí mismo el propio estudiante. En contraste, la labor del senpai es solamente la de guiarlo en el proceso.

—¿Entonces el zen ayuda a mejorar a las personas y a obtener resultados más satisfactorios? —preguntó Mari Carmen, pensando en ciertos conocidos suyos a quienes le vendría bien el ejercicio que ella estaba haciendo esos días.

—Es una posibilidad, pero no tiene por qué ser así. Una de las labores principales del zen es facilitar a otros encontrar sus propias respuestas. Ayudarles a desarrollar una visión distinta sobre su vida y sus experiencias, cualesquiera que estas sean.

—¿No habíamos hablado ya de esto? —preguntó Antonella, creyendo recordar conversaciones pasadas.

—No importa —respondió Alberto—. Otra de las cosas que hemos aprendido es que la vida en un proceso cíclico…

El senpai rió la ocurrencia.

—Sí… El progreso del conocimiento puede llevarnos por caminos recurrentes.

—Senpai —dijo a su vez Alberto—, aprecio todo lo aprendido…, otra cosa es que pueda asimilarlo…, pero hasta ahora solo hemos oído sugerencias. No nos habéis dicho cómo actuar o qué hacer… Aunque mi padre siempre me dice lo que tengo que hacer… y, la verdad, no le hago demasiado caso.

—Cada persona es la responsable de sus propias decisiones y de su propia vida. Nuestra tarea no es otra que servir de mapa, catalizador o bastón…, para facilitar a otros, en principio, alcanzar su objetivo. Objetivo que en cada caso se fija cada quien.

»Lo que en modo alguno significa que nuestra función sea pasiva: el senpai es un auxiliar del sensei activo… e interactivo, como probablemente diríais vosotros…, que aporta toda su experiencia, sus conocimientos, capacidad de previsión y habilidades para beneficio de otra persona.»

—Como un traje hecho a la medida —apuntó Victoria, más cerca ahora de su actitud habitual tendente al sarcasmo.

—¿Traje a la medida? —inquirió el senpai.

—Cuando alguien te toma medidas de tu cuerpo y te hace un traje…, o un vestido, o lo que sea. Digamos que algo exclusivo —explicó Victoria.

—Pues sí, ya que el senpai debe olvidarse de sí mismo durante el proceso. Lo único que cuenta es la otra persona.

—¿Y si el estudiante cambia de objetivo? —inquirió Antonella.

—Puede hacerlo. Como lo hacéis vosotros. O lo haréis cada vez que, a vuestro juicio, lo estiméis conveniente, como resultado de vuestro propio desarrollo. Pero nunca por instrucción del senpai. Aunque el sensei sí podría tener que ver con ello de manera más directa. Siguiendo el ejemplo de Victoria, la persona que se pone el traje es quien decide cómo lo usa y qué hacer con él. Por lo tanto, quien lo confecciona debe hacerlo flexible y cómodo para que le permita moverse con facilidad.

»El zen es ante todo una actitud filosófica. Es amplia, adaptable y tolerante. Y promueve principalmente la vivencia personal. La finalidad del sensei y del senpai no es otra que la de ampliar perspectivas, facilitar una visión de conjunto y de detalle que permita a otras personas tomar decisiones conscientes e informadas respecto a su propia vida y acordes con su propia naturaleza. En definitiva, cada quien tiene que desarrollar sus propias estrategias y encontrar sus propias soluciones. Por eso, siempre se respeta la espontánea creatividad de la persona.»

—¿De verdad crees que las personas son creativas? —preguntó incrédula Victoria—. En mi experiencia diaria, lo más común es que la gente traiga problemas sin aportar ninguna solución. Puedo asegurarte que su creatividad es nula.

El senpai esbozó una sonrisa comprensiva:

—Todo el mundo es creativo y hábil, si bien en diferentes medidas y en diversos ámbitos. Es posible que alguien carezca de creatividad, como también puede carecer de conocimientos, en áreas determinadas. Pero el sensei sabe que el aprendiz es capaz de desarrollar las habilidades que requiera en el ámbito necesario; y parte de la tarea del senpai es facilitarle el proceso.

»Una vez que la persona tiene claro qué aspectos de su personalidad, de sus capacidades o actitudes, o qué habilidades específicas, necesita desarrollar, el senpai pondrá a su disposición las técnicas y enfoques, los ejercicios y las pruebas que requiera, gracias a la habilidad que debe haber desarrollado para su tarea, y a su conocimiento del ser humano y de las distintas situaciones.»

—Tu labor…, como también la del sensei…, requiere de gran confianza en el ser humano —señaló Mari Carmen—. Y en nosotros, en este caso.

—El zen tiene siempre al ser humano en alta estima. Todos necesitamos desarrollarnos en determinadas áreas, y todos podemos beneficiarnos de la ayuda de otros.

—¿Es absolutamente necesario contar con un senpai?... ¿Y un sensei? —se atrevió a preguntar Antonella.

—Una pregunta muy interesante —respondió Takashi, que seguía contando con la aquiescencia del sensei—. Depende de cómo se enfoque. Si toda persona necesita para su progreso del apoyo de otra ya plenamente desarrollada, tendríamos que concluir que el progreso es imposible porque, ¿quién habría enseñado a la primera?

—No habría habido nunca un primer maestro —dijo John.

—¡Exacto! Pero el progreso personal es un hecho..., como podemos constatar en nosotros mismos. Por lo que forzoso es concluir que la premisa es falsa. Eso nos deja dos posibilidades, no necesariamente excluyentes: que hayan existido, o existan, personas excepcionales capaces de progresar por sí solas..., quienes serían maestros natos para los demás..., o que el progreso pueda efectuarse por partes, de modo que el más adelantado en un ámbito determinado pueda facilitar el avance de otros. Incluso puede suceder que quien esté más adelantado en algo concreto necesite de la ayuda de alguien en otros aspectos que escapen a su dominio.

»Particularmente creo en este último caso. Algo completamente natural, puesto que no hay nadie virtualmente capaz de lograrlo todo sin necesitar en ningún momento de alguna otra persona.»

—Interesante respuesta —apuntó Victoria—. ¿Quiere decir que tú, senpai… e incluso el sensei —miró con respeto a este, que observaba en silencio— podrían aprender de nosotros?

—Desde luego —afirmó el senpai—. Hay, por ejemplo, cantidad de cosas en las que tú eres experta, que yo desconozco.

—Pero entonces, ¿cuál es la diferencia entre maestro y discípulo?

—La única diferencia es la distinta dedicación a lo que hacemos. Y, por supuesto, el celo que pongamos en ello.

Todos parecían aún reflexionar sobre lo escuchado cuando, al cabo de unos minutos, el sensei concluyó:

—Querido senpai, te agradezco enormemente tu aportación y tus acertadas palabras. Espero —añadió—, que esta charla haya sido provechosa para todos, como lo ha sido para mí.

El senpai saludó al sensei con una profunda reverencia, que este a su vez respondió cortésmente. Todos repitieron el gesto.

La travesía

Día 8

Los miedos

Nada te ata excepto tus pensamientos.
Nada te limita excepto tu miedo.
Nada te controla excepto tus creencias.

Marianne Williamson

—Maestro —repuso Antonella—, ¿cómo puedo deshacerme de mis miedos? —Y añadió, a modo de explicación—: Quiero avanzar con seguridad por el camino de mi vida.

—Permíteme que te responda con una historia.

»Cuenta la leyenda que un viajero se perdió cuando lo sorprendió una tormenta en su travesía por las cumbres de las montañas de los Alpes del Japón, que dividen en dos partes la isla de Honshu.

»En cierto momento, el viajero se encontró ante un gran desprendimiento de barro, tierra y nieve, que le impedía avanzar.

»Era tanta la lluvia que caía y la fuerza del granizo, que el paraguas con el que se protegía se había llenado de agujeros y ya no le servía. Empezó a preocuparse seriamente.

»Sabiendo que los Alpes Japoneses eran considerados un lugar sagrado, se guareció como pudo junto al tronco de un frondoso árbol, y allí elevó sus pensamientos y rogó a las alturas que los espíritus de la naturaleza lo sacaran de allí.

»En ese instante, el viajero, sin saber cómo, se encontró sorpresivamente en otro lugar. Sin rastro de lluvia ni atisbo de mal tiempo.

»Era si como si, al rodear ese árbol en busca de refugio, hubiera entrado en otro espacio, desde el que ahora observaba un apacible río y más allá una hermosa y caudalosa cascada.

»Se sintió relajado y fuera de peligro, pero a la vez exhausto. Y al sentarse junto a un hueco del árbol, cayó en un profundo sueño.

»Cuando despertó estaba hambriento. Llevaba horas sin probar bocado.

»¡Qué no daría por un plato de lentejas de las que hacía mi abuela cuando era niño!… O por alguno de sus sabrosos pasteles.

»Al pensar en los días de su infancia, como por acto de magia y para sorpresa suya, una exquisita cena igual a las de su abuela apareció ante él.

»Movido por el hambre, comió con desesperación, como cuando, siendo niño, regresaba después de una mañana de juego en el bosque. Cuando terminó de comer, pensó que tras aquellos deliciosos platos le habría apetecido una tibia taza de buen té. Y al instante apareció ante él un aromático y humeante tazón.

»Pero, después de beber el té, le asaltó la duda: ¿cómo era posible todo aquello? Se parecía tanto a un sueño, que quizás se había quedado dormido y estaba soñando al pie del árbol. Volvió a mirar a su alrededor: el río, la cascada, las ramas del árbol que se mecían sobre su cabeza por efecto de la brisa. Se palpó el estómago satisfecho. Todo parecía tan real…

»Se le ocurrió que quizás al invocar los espíritus de la montaña se había equivocado, y quienes habían respondido eran espíritus malignos que lo estaban engañando. Pensó: ¿estaré en algún lugar que trastorna mis sentidos con el fin de perderme para siempre? ¿Es posible que nunca logre salir de aquí?…

»En ese momento dejó de sentir el contacto del árbol a su espalda, y el río desapareció junto con la cascada. El cielo se oscureció aun más que bajo la terrible tormenta que lo había llevado hasta allí, y vio aparecer a su alrededor grandes y monstruosas bestias.

»El viajero gritó lleno de pavor, rogando a las bestias, que rugían amenazándolo con grandes y afilados dientes, que no lo devoraran.

»Pero las bestias se abalanzaron sobre él y eso fue exactamente lo que hicieron.

»Al día siguiente, la expedición que había salido en su búsqueda lo encontró muerto bajo el árbol. Lo más curioso es que no tenía un solo rasguño. Ninguna herida en su cuerpo. Solo una expresión de pánico atroz en su rostro.»

El sensei se quedó unos segundos en silencio. Alberto repuso:

—Todo fue producto de su mente. Que finalmente acabó con él.

—El miedo y la audacia son decisiones nuestras —dijo el sensei—, así como el placer o el sufrimiento… Elecciones que hacemos en cada instante de nuestra vida.

—¿Cómo puede el sufrimiento ser una opción? —protestó Mari Carmen—. Si una persona recibe una herida, el sufrimiento por ese hecho es inevitable.

—El dolor, no el sufrimiento, es inevitable. La herida puede infringir dolor. Sufrir por ella es decisión de la persona.

»Muchas veces, no se sufre tanto cuando se recibe una herida, ya sea física o anímica, como cuando se cae en la cuenta, o se piensa, tras el hecho, en la causa o la persona que la ocasionó. Enfoca tu pensamiento en la dirección de lo que quieres crear con tu mente, y ello llegará.»

El sensei observó al grupo unos instantes.

—Vosotros, ¿a qué teméis?

—A mí me asusta la inseguridad —dijo de inmediato Antonella—. Me aterroriza la idea de quedar atrapada en un ascensor, por ejemplo, y que no pueda salir.

—Yo tengo un miedo constante —dijo Victoria poco después— a no ser valorada. Y también a que pueda perder todo lo que he logrado, y que mi esfuerzo de tantos años al final no me sirva de nada.

—Mi temor es que no me quieran —dijo Mari Carmen—, o que pudiera hacer daño, sin querer, a algún ser querido, a alguien de mi familia.

—Mi mayor miedo —siguió John— es el fracaso. No alcanzar las metas que me propongo. No llegar a nada en la vida y terminar siendo un mediocre.

Alberto, que faltaba por contestar, dijo:

—Yo tengo… miedo a la oscuridad. Cuando no puedo ver a mi alrededor. —Y añadió a cabo de unos segundos—: Recuerdo a un chico, que iba a mi colegio, que se quedó ciego. Vivir en la oscuridad, para siempre, me parece aterrador.

—Lo que voy a contaros —dijo el sensei— tiene relación con el miedo a la oscuridad que has comentado.

«Hace muchos años, cuando yo era estudiante, tuve un compañero de estudios que nació con el sentido de la visión, pero lo fue perdiendo al cabo de los años.

»No obstante, mientras perdía la capacidad de observar con sus ojos físicos, descubrió un mundo de nuevas posibilidades. Gracias a su actitud ante ese hecho y a su decisión de no ser menos por haber sufrido esa desgracia, sucedió como si sus otros sentidos se amplificaran, hasta el punto de llegar a sustituir al que no estaba presente.

»Era tal la capacidad que desarrolló, y el tesón que puso en ello, que con el tiempo llegó a ser médico, y muy apreciado. Con solo tocar tus pulsos conocía el estado del pulmón, el riñón, o de un simple corte sin importancia que te hubieras hecho en el tobillo.

»Era capaz de sentir cada área de tu cuerpo como si observara un mapa extendido ante él. Y podía describir cada uno de los detalles que encontraba. Con su dominio de la acupuntura y la acupresión, era capaz de localizar con los dedos meridianos, chacras, canales…, con absoluta certeza, y devolver la armonía al cuerpo.

»Su actitud positiva logró que su desgracia no lo hiciera desgraciado. Al contrario, la usó como trampolín para labrarse un futuro y contribuir a la felicidad de otros.»

El sensei echó una mirada de complicidad a Alberto:

—Como un personaje de ficción que, por algún desgraciado hecho del destino, se convierte en algo distinto; pero decide utilizarlo para un nuevo fin, de modo que acaba convertido en superhombre.

Alberto le devolvió la sonrisa. Como el sensei permaneciera en silencio, al cabo de unos momentos habló John:

—Maestro, lo que acabas de contar me ha recordado un encuentro que tuve hace años y que se relaciona con lo que ha dicho Antonella de su miedo a quedarse encerrada.

—Por favor… —invitó amablemente el sensei.

—Como ya sabéis, por mis circunstancias familiares he podido viajar mucho. En cierta ocasión, siendo adolescente, conocí a un joven médico de origen francés en una recepción a la que asistió mi padre en París. Era el hijo de no sé qué ministro y, quizás porque nuestras edades no eran tan dispares, o porque me vio aburrido en medio de tanta gala y protocolo, el hecho es que me encontré hablando con él, y me refirió lo siguiente.

»Se ha escrito mucho sobre el niño al nacer, recuerdo que me dijo, y hay mucha incógnita sobre el primer llanto. ¿Es un grito de victoria, de alivio, de desesperación? El nonato recibe oxígeno durante nueve meses sin darse cuenta a través del cordón umbilical… y de pronto sus pulmones, con sus 400 millones de alveolos, se expanden y empiezan a funcionar rítmicamente. ¡Qué nueva y extraña sensación! ¿Se puede imaginar algo más impactante? El aire penetra en tu interior y te infla con una fuerza hasta entonces desconocida… ¿Qué se sentirá? ¿Podremos saberlo algún día?

»El nacimiento es un paso desde un espacio confinado, pero en este caso tibio y agradable, a un universo frío y extenso del que no podemos alcanzar a tocar las paredes, no percibimos sus límites. Quizás ese sea un momento de angustia por la seguridad perdida…

»Por lo que he sabido después, antiguamente, y todavía en algunas culturas, la comadrona esperaba que el bebé respirara por sí solo, cuando los pulmones empezaban a funcionar. Entonces se aislaba el cordón umbilical y se esperaba la expulsión de la placenta. Es una costumbre que se está recuperando en algunos sitios de Occidente, según sé, pero lo habitual hoy día es todavía cortar el cordón y hacer llorar al niño para forzar la entrada de aire. Me pregunto si esa experiencia nos marca durante el resto de nuestra vida…, y cómo.»

—Gracias John —dijo al cabo de unos momentos el sensei—, muy oportuno. Y prosiguió:

—Imaginaos un sonido familiar rítmico y constante: el sonido de nuestro reducido universo cuando estamos en el vientre materno. Sabemos que todos lo hemos experimentado: es el latido del corazón de nuestra madre… Ya seas rico, pobre, príncipe o campesino, todos pasamos por esta experiencia. Un espacio cálido y seguro, en el que nada, o casi nada, nos perturba.

»En algún momento en el que culmina una misteriosa pérdida de nuestro espacio, que se había iniciado hace tiempo porque sin saberlo hemos ido creciendo dentro del vientre, iniciamos un recorrido que no hemos decidido nosotros…, corto o largo no sabemos, porque no tenemos nada con qué compararlo… Lo cierto es que una fuerza que tampoco conocemos nos empuja a un entorno de luz, en el que de pronto nos sentimos pesados…, ya que hasta entonces habíamos estado flotando… Sin el calor que nos rodeaba y sin percibir el familiar latido de nuestra madre. El aire, con un impulso imperioso que surge de nuestro interior, inunda y vacía nuestros pulmones una y otra vez. Estamos en un mundo nuevo, de sonidos más intensos, en el que la antes tranquilizadora voz de nuestra madre suena más lejana y diferente. Nuevas y desconocidas impresiones nos acosan por todos los flancos, sin tregua, forzándonos, sin que sepamos cómo, a desarrollar nuestros sentidos que aún no sabemos que tenemos…

»¿No encontráis en esta imagen un indicio del origen de muchos de nuestros miedos? Miedos que todavía nos asaltan, a veces cuando dormimos, como el temor a caer. Miedo a la desconexión, a no ser amados, a la pérdida del *calor* de nuestros semejantes… Observad la metáfora del lenguaje… Y con este miedo, el miedo al frío. Algunos miedos son de naturaleza más física, como el miedo al ruido. Todo ruido súbito nos alarma, como quizás nos alarmó la nitidez, la mayor cercanía, de los sonidos que percibimos al venir al mundo. O, si nos recibieron con una palmada, si nos cubrieron con paños al nacer, el miedo al aplastamiento. Si el nacimiento es difícil, puede generar una impronta que aparezca en forma recurrente, quizás en nuestros sueños, o desencadenar ciertas fobias. Un cordón umbilical alrededor del cuello puede ser origen de una sensación de ahogo… Otros miedos se incorporarán a nuestro espíritu después, probablemente generados por experiencias posteriores, en nuestro intento de adaptarnos a un mundo desconocido, de comprender, de elaborar respuestas…»

—Respuestas que todavía no tenemos —dijo Antonella.

—Y que quizás no tengamos nunca —añadió Mari Carmen.

—Por eso estamos aquí —replicó John—. Al menos lo intentamos.

—Yo todavía no sé por qué tengo miedo a la oscuridad —afirmó Alberto.

—¿No lo ves? —dijo Antonella, y añadió como queriendo compartir un descubrimiento personal—: Presta atención a las metáforas. La oscuridad es lo desconocido. En la oscuridad no ves lo que te rodea… Es como si no supieras dónde estás. Pero puedes intentar encontrar una luz, una salida, como el joven ciego que aprendió a usar sus otros sentidos como guía.

—Mi miedo a no ser apreciada en lo que valgo… —dijo Victoria, dudosa—, ¿también se explica así? ¿Como una pérdida?…

—Eso es lo que debes descubrir —respondió el sensei—. Has dicho que temes quedarte sin nada. Y sin reconocimiento… Hay cosas que podemos ganar o perder y, sin embargo, nunca fueron nuestras. En cambio otras nos pertenecen de manera inalienable.

Victoria lo sabía bien. Su padre le pertenecía, y nunca lo tuvo. Siempre viajando. En cambio, tuvo multitud de cosas de las que se habría desecho con gusto a cambio de tener a su padre a su lado… Y ahora se había ido para siempre. A su pesar, sintió que se le anegaban los ojos. Pestañeó. El sensei, como si adivinara su pensamiento, añadió:

—A veces, las cosas que ansiamos, o que tememos perder, son expresión de una carencia. Pero recuerda que te perteneces a ti misma. Al final de tu camino estás tú.

»Nuestros miedos —continuó— provienen de la incertidumbre, de aquello que desconocemos. Si aprendemos a reconocerlos, se convierten en nuestros aliados, porque son una advertencia que proviene de la parte más desconocida de nosotros mismos. Nuestros miedos nos ayudan a sobrevivir. ¿Imagináis que no tuviéramos temor a lo que nos supera en fuerza, tamaño o rapidez…? ¿A los animales salvajes…, a la noche, llena de peligros…, a andar por el borde de un precipicio?… Correríamos constantemente riesgos innecesarios… y nuestra vida sería aún más breve —hubo alguna risa espontánea—. Para combatir sus miedos, y la incertidumbre que los ocasiona, el ser humano ha tratado desde siempre de controlar su entorno, para lo que ha recurrido desde la magia y la adivinación a la ciencia.»

El sensei se dirigió entonces a Victoria:

—En tu trabajo lo sabes bien. Se implementan todo tipo de medidas de control. Se crean procedimientos rutinarios que generen siempre los mismos resultados para descartar la posibilidad de errores. La finalidad es siempre evitar situaciones inesperadas, que pudieran afectarnos de modo impredecible.

Victoria asintió, un tanto sorprendida de que detalles tan específicos no escaparan al dominio del sensei.

—Pero habrás podido comprobar, sin embargo —continuó este—, que el control excesivo, que tampoco deja espacio para lo posible, acaba produciendo una rigidez que bloquea la capacidad de las personas para resolver situaciones. Y la rigidez, como ya sabemos, es la muerte.

Victoria volvió a asentir, tratando de disimular su incomodidad:

—Sí… A veces las personas se vuelven muy rígidas con los procesos.

—¿Quieres decir, maestro, que es bueno tener un cierto grado de inseguridad? —preguntó Antonella.

—¿Puedo responder yo, maestro? —intervino John.

—Desde luego —concedió el sensei.

—No solo es conveniente, Antonella, sino necesario. Si tuviéramos absolutamente todo controlado, el futuro estaría predeterminado en todos sus detalles, y la vida no valdría la pena vivirla.

El sensei se dirigió a Antonella:

—Al día siguiente de tu llegada me comentaste que el reducido espacio de tu habitación te causaba cierta inquietud porque te recordaba tu pequeño piso de Río.

»A veces, nuestros miedos nos engañan disfrazándose de otros, como tú misma te diste cuenta hace un momento. Ese día te mencioné que en Japón las paredes son simples biombos de papel. En este país tenemos una aguda conciencia de la mutabilidad de las cosas, debido quizás a su naturaleza volcánica, que ocasiona frecuentes temblores de tierra, y no construimos paredes sólidas, aparentemente infranqueables, para el caso de que necesitáramos atravesarlas. Entendiste que no estabas encerrada, como habías creído. Y eso te infundió seguridad.

—Entonces… —aventuró Antonella—, mi miedo a quedar atrapada en un ascensor… ¿es solo… miedo a estar encerrada?

—Y ¿a estar encerrada dónde? —preguntó a su vez el sensei.

—En mi piso no… Puedo salir cuando quiera —repuso Antonella, pensativa—. Tal vez… ¿encerrada en mí misma?…

—Antes dijiste que había que prestar atención a las metáforas. Y a veces las metáforas las creamos para hablarnos a nosotros mismos: quizás los espacios reducidos representen para ti una imagen de ti misma, atrapada por tu propia incertidumbre.

—De ser así, maestro, ¿cómo puedo superarlo?

—Puede que necesites abrir una ventana… o incluso alguna puerta…, salir al mundo. Los miedos nos avisan de que algo no va bien, que es conveniente actuar en algún sentido. Superar la inseguridad creando certidumbre con tus actos —el sensei abarcó ahora también a Alberto con la mirada—. Poner certeza en lo desconocido.

»No debemos temer a nuestros miedos, sino aprender a manejarlos. Servirnos de ellos para nuestro beneficio. Todos tenemos el poder para vencer nuestros miedos. Porque son solo producto de nosotros mismos. Sois infinitamente más que vuestros miedos.»

—Mi temor es distinto —dijo Mari Carmen.

—¿Lo es? —respondió el sensei—. Es obvio que tu familia ocupa un lugar importante en tu vida. Pero, ¿cuántas veces nos olvidamos de nosotros mismos, y hasta aceptamos alguna vez una ofensa de un ser querido solo para no perderlo o no devolverle el daño? ¿Cuántas veces hemos cargado con el desamor o con un desprecio, solo por conservar la compañía del otro?… ¿No hacemos esas cosas por no sentirnos rechazados, o ignorados?

—Pensándolo bien, eso creo —admitió Mari Carmen.

—Para ayudar a superar el miedo a no ser amado puede servir ponerse en lugar de la otra persona, tratar de verse un poco desde fuera de uno mismo. Una vez que hayas comprendido tu justo valor, verás que no eres más que otros, pero tampoco menos —el sensei miró otra vez a Victoria—. Tu miedo puede provenir de que desconoces lo que vales para ellos.

»Por eso, la posibilidad de ser rechazada, de que no te quieran, no te concierne a ti. Tu única tarea es ser auténtica. Si alguien no te quiere, es porque de alguna manera no llenas sus expectativas. Pero tampoco tienes por qué hacerlo. No tienes que ser parte de nadie, no tienes que ser su reflejo. Tu vida te pertenece.»

—En nuestro primer día aquí —adelantó Mari Carmen— me hiciste ver que a veces rechazamos a otra persona porque vemos en ella algo de nosotros mismos que no nos gusta. Te estoy agradecida por eso, maestro.

El sensei sonrió:

—Si lo recuerdas, debe haber sido un aprendizaje importante para ti. Pero fue principalmente fruto de tu propio análisis.

»La vida es como un amplio jardín, donde hay todo tipo de seres. El roble es grande y fuerte, en cambio la rosa es pequeña y delicada. ¿Acaso vale aquel más que esta?… ¿No exhala la rosa una fragancia de la que carece el roble?… Por otra parte, aquel tiene una fortaleza que esta no posee… Cada cual vale por sí mismo, no hay punto de comparación. No hay ventajas y desventajas, salvo si se busca un fin determinado. Y las personas somos mucho más complejas que un roble o una rosa.»

—Pero, maestro —preguntó Mari Carmen—, ¿no debemos intentar mejorar constantemente?

—Claro, pero eso no implica someternos a la voluntad o los deseos de otros. Si nos aman, que sea por nosotros mismos. Con nuestros méritos y nuestras carencias…, mientras las tengamos.

»Se dice que un maestro solía meditar bajo un árbol cuya madera tenía tantos nudos que no servía para construir muebles; contenía tanta resina que no se podía encender. Solo cumplía una función: dar sombra y cobijo a quienes meditaban bajo él. A quienes descubrían su propósito. Si sabes cuál es tu propósito, y otro lo descubre, puede que surja el amor. Un amor sin miedo, sin pérdida de la propia identidad, basado en la aceptación y el respeto.»

Se hizo el silencio, y el sensei dijo con voz queda:

—John…, no creas que nos hemos olvidado de ti.

—Pues estaba tan atento —rió este— que casi se me había olvidado cuál es mi miedo.

—Hubo una vez en la antigua Nepal, según otras tradiciones en la India —refirió el sensei—, un aristócrata, como tú… —John hizo un gesto de modestia—, de hecho, este era un príncipe…, que un día abandonó su palacio y todas sus pertenencias para hacer un largo viaje que duró toda su vida. Fue un viaje de búsqueda e introspección. Era Siddharta Gautama, quien habría de convertirse en el ser verdaderamente notable que todos conocemos… Seguramente ese cambio drástico significaría para su familia, que no lo volvió a ver, una clara muestra de fracaso. Pero ya sabemos lo que ese fracaso significó para el mundo.

»¿Qué son el éxito y el fracaso? ¿Cuántos descubrimientos, cuantos avances científicos, creaciones artísticas, literarias, progresos, han sido fruto del fracaso? Hay libros enteros sobre el tema.

»El éxito o el fracaso son puntos de vista. Su evaluación depende de lo que hagamos con ellos. Lo principal, aprender; y el primer aprendizaje, si para nosotros en realidad hemos fracasado, es que esa no es la vía..., e intentar otro camino la próxima vez.»

—Luego, el fracaso existe —dijo John.

—Desde luego. Es un grave error ignorarlo, o intentar disfrazarlo de otra cosa. Porque es una rica fuente de aprendizaje. En ocasiones se aprende más del fracaso que del éxito. Porque los éxitos los utilizamos para avanzar, pero rara vez meditamos sobre ellos. Mientras que el fracaso nos obliga a revisar la causa del error y a buscar alternativas. Cada fracaso es un testimonio de nuestro intento, un escalón más en nuestro avance. Lo importante es que no nos paralice. Que no dejemos de atrevernos.

—¿Ese es el peor error?

—Exacto. Dejar que el fracaso mine nuestra seguridad. No debemos temer al fracaso, sino a no actuar por miedo al fracaso.

»El viajero que se perdió en la montaña pudo haber aceptado su extravío, así como reconocer los sueños que representaban tanto su temor como el anhelo de salir de esa situación, y tomar la decisión de seguir buscando el camino, quizás una vez que terminara la lluvia. Pero se detuvo ante su fracaso cuando no pudo seguir adelante, se dejó llevar por su fantasía, y al final sucumbió ante las terroríficas imágenes que él mismo había creado. Su falta de confianza en sí mismo acabó con él, como bien entendió Alberto.»

—Entonces, ¿debemos proseguir el camino a pesar de nuestros miedos? —preguntó este.

—*Con* nuestros miedos —corrigió el sensei—. Usarlos, porque son el lenguaje con que nuestra intuición nos advierte del peligro… Hay cosas que no dependen de nosotros. Pero aunque no podamos controlar el día y la noche, la lluvia o el viento, las decisiones que tomamos respecto a esas cosas influyen en nuestra manera de sentirlas. Y de nuestras acciones somos responsables. Cuando el arquero llega a sentir la flecha como una extensión de su brazo, la controla más allá de su brazo. Cuando consigue dar en el blanco, es porque ha sentido más allá de la flecha, el viento que la acompaña en su vuelo. Y al final, el arquero, la flecha y la diana son uno. Nuestro alcance es mayor de lo que creemos. Por eso, el placer y el sufrimiento, manejar nuestros temores o sucumbir ante ellos, son opciones nuestras.

Se hizo un prolongado silencio.

—Maestro, ¿cuál es el mayor miedo del ser humano? —por el tono con que Mari Carmen había formulado la pregunta, podía entreverse que era algo que había pensado muchas veces.

—Una buena pregunta. ¿Alguien quiere responder?

—¿La muerte?… —inquirió Victoria.

Todos intercambiaron miradas, pero nadie secundó la propuesta. Quizás porque resultaba obvia, o quizás porque no lo creían así.

El sensei invitó con un gesto al senpai.

—Nuestros miedos se expresan de distintas maneras —dijo Takashi—. Aunque muchos sean en realidad el mismo, y aunque unos se disfracen de otros para engañarnos. Suele decirse, incluso en estudios científicos, que todo el mundo tiene miedo a la muerte. Pero ello puede significar temor a lo desconocido, a la enfermedad, al sufrimiento, a la soledad o a la extinción... Otras veces no es verdadero miedo, sino desesperación, rechazo, resignación o tristeza...

»Aquí donde nos encontramos..., no existe un miedo real a la muerte. Como también sucede en otros lugares, y para muchas personas, se entiende como un tránsito, el paso a otra vida, nueva o diferente. Un nuevo aprendizaje.»

—Poco antes de venir —intervino Alberto— leí que muchas personas tienen más miedo a hablar en público que a morir. ¡Me parece increíble!

—Eso es porque para ti es fácil ponerte delante de una audiencia —dijo Antonella—. Te estás preparando como actor.

—Pero si todo el mundo lo hace... —protestó Alberto—. Ahora mismo estamos hablando en público. Un público reducido, de solo siete personas pero, al fin y al cabo, es una audiencia.

—Lo que, por otra parte —dijo el sensei—, nos indica que nuestros miedos pueden ser imaginarios. No siempre responden a situaciones reales.

»Pero existe un miedo que anida en todo ser humano. Normalmente no es reconocible como tal, y no genera un horror espontáneo. De hecho, es tan profundo que cuesta reconocerlo y aceptarlo. Pero, sobre todo, superarlo. No es el miedo a ser ineptos o «buenos para nada», como algunos podrían pensar, sino justamente lo contrario: es el miedo a atrevernos, a tomar decisiones..., a asumir las consecuencias de nuestros actos con plena responsabilidad respecto a todas sus derivaciones, que van mucho más allá de nosotros y de lo que podemos prever.

»Es aceptar nuestro talento y nuestra capacidad más allá de lo imaginable. Es nuestra luz, que nos puede llevar a ámbitos impensados, y no nuestra oscuridad, lo que nos asusta.»

Hubo caras de extrañeza o de incredulidad. El sensei prosiguió:

—¿Cuántas veces os habéis preguntado: ¿Quién soy yo para pretender tal cosa? Seguro que no lo lograré, no me harán caso, habrá otros que me superarán... Seguro que me sale mal, que me equivoco, que estoy errado...

»Más bien, la pregunta es: ¿Quién eres tú para no hacerlo? Eres hijo del creador, y todo se te puede dar, si quieres.

»No es la modestia del sabio —auténtica porque conoce sus limitaciones—, la que genera en nosotros el miedo que muchas veces nos impide atrevernos. Es un sentido anticipado de derrota, de incapacidad. Un lastre que, en ocasiones, puede provenir del miedo al futuro, de las consecuencias imprevisibles de lo que nos proponemos hacer..., o bien del resultado de experiencias anteriores, de fracasos que hemos querido olvidar en vez de afrontar. Pero que en nuestro interior no hemos olvidado..., ni olvidaremos mientras no los asumamos como las fuentes de aprendizaje que son... O puede incluso provenir de un mal entendido amor por los demás. No hay ningún mérito en encogerte, en hacerte menos que otros, dejando que sean otros quienes hagan las cosas y no tú. Al contrario, crece tanto cuanto puedas. Crece en el conocimiento de ti mismo en la mayor medida que seas capaz..., y ese será el mejor estímulo para quienes te rodean... si a su vez son capaces de entenderlo.

»Atrévete. Date permiso a ti mismo para brillar, sin temor, sin miedos.»

Una vez más, el maestro se dirigió al senpai:

—Querido senpai. Por favor, da nuestro humilde obsequio a cada uno de nuestros invitados.

El senpai abrió un pequeño cofre de madera lacada con incrustaciones de jade, del que sacó cinco hojas de un papel similar al pergamino, manuscritas con exquisita caligrafía en tres idiomas:

«No hay nada que no puedas hacer, nada que no puedas alcanzar, si te lo propones desde el ser.»

La travesía

Día 9, tarde

Vacío

Todo empezó a partir de una
pequeñísima fluctuación del vacío.

Guido Tonelli

El sensei se ajustó la toga mientras se sentaba en círculo con los estudiantes. En algunas ocasiones usaba una especia de toga casi negra sobre el kimono de color tierra, por razones probablemente inherentes a su actividad en el Templo, o quizás correspondía a ciertos días del año. Hoy la llevaba, lo que de algún modo sugería algo especial. Quizás fuera la profundidad del tema a considerar. O puede que no. Los estudiantes se levantaban cada día sin conocer la planificación de las enseñanzas a recibir, lo que no quiere decir que esa planificación no existiera.

El entorno austero y silencioso del Templo del Conocimiento, en un verano que para el grupo venido de fuera se parecía más al inicio de la primavera por el suave frío del aire puro de montaña que respiraban, invitaba a la meditación como una actividad natural, como si fuese lo que hubieran estado haciendo toda su vida. De un modo que no habrían podido explicar, pero que tampoco pedía explicación, a pesar del poco tiempo transcurrido se sentían ya pertenecientes a aquel lugar en las alturas, al margen de los parámetros de espacio y tiempo.

—¿Qué es el tiempo?

El sensei lanzó la pregunta sin preámbulos, dejándola en el aire. Transcurrió un intervalo sin respuesta. Largo o corto, nadie podría haberlo dicho, desprovistos de todo instrumento de percepción que no fuera el transcurrir de la propia conciencia. Ninguno de los pensamientos que la pregunta suscitó se había acercado a nada remotamente parecido a una respuesta cuando el sensei dejó caer, al igual que en la lluvia cae una gota sobre otra:

—Imagina que te encuentras en el centro de un camino larguísimo, del que no puedes ver sus límites, hacia delante ni hacia atrás, que están envueltos en niebla… —Lentamente, mientras paseaba la mirada de uno a otro de los estudiantes, añadió—: ¿Estás en el centro de ese camino?

Todos asintieron en silencio.

—¿Y cómo sabes que estás en el centro si no puedes ver sus límites? ¿Con relación a qué mides el centro?

Se miraron unos a otros sorprendidos, como si acabaran de descubrir que habían caído en una trampa. Todavía no habían salido de su perplejidad cuando oyeron nuevamente:

—Imagina ahora que tienes que medir tu recorrido a lo largo de ese camino. No puedes ver dónde empezaste, ni dónde terminarás. La niebla te lo impide. Así que ignoras si estás cerca o lejos de los extremos..., y aun si esos extremos existen. ¿Cómo mides tu recorrido?

Antes de que alguien intentara dar una respuesta a la última pregunta cuando aún no habían resuelto la primera, el sensei añadió:

—La respuesta es la misma en ambos casos.

—Es imposible, ¿no? —dijo al fin Alberto, a lo que John y Antonella asintieron con la cabeza.

—No lo es.

—Pero, ¿dónde empiezas a medir? Si no ves los extremos, no tienes manera de saber en qué punto del camino te encuentras —apuntó John.

—En efecto, no lo sabes. Aun así, puedes medir tu recorrido.

—¿Cómo?… —protestó Antonella.

El sensei dejó transcurrir unos instantes antes de responder:

—Donde no hay límites, ni centro…, ni sabes si principio o fin… Donde no hay referencia alguna…, la única referencia eres tú.

De pronto, John, como iluminado por un viejo recuerdo de sus días de estudiante, musitó:

—«El hombre es la medida de todas las cosas»…

—Sí… Lo griegos ya lo dijeron —afirmó el sensei. Y sentenció:

—Tú eres tu centro.

»El punto del camino en el que estás puede ser cualquiera. Pues bien, desde el momento que lo asumes, ese es tu centro. Y desde ahí mides tu recorrido, cuentas tus pasos hacia delante y hacia atrás.»

—Pero puede que nunca sepa cuál es el comienzo del camino —advirtió Mari Carmen, que había permanecido atenta al planteamiento inicial.

—Así es. Solo puedes suponerlo —confirmó el sensei—, ya que está envuelto en niebla… Así como el final: en algunos casos quizás podrías preverlo, pero difícilmente tendrías seguridad.

—¿Esto… qué significa? —preguntó Victoria, con un gesto de desesperación.

—Varias cosas —respondió calmadamente el sensei—. En primer lugar, como ya hemos dicho, que tu centro eres tú. El centro de todo lo que te sucede. Ordenamos, medimos, organizamos nuestra experiencia en referencia a nosotros cuando no hay ninguna otra cosa en nuestro mundo. O cuando creemos que no la hay.

»De ese modo vas recorriendo tu camino y trazando tu mapa del mismo… Cuanto encuentras lo vas refiriendo a ti: cerca o lejos, al frente o atrás del punto de referencia que hayas fijado…, mientras puedas recordarlo.»

—¿Y si no lo he apuntado? —preguntó Mari Carmen.

—No importa. Puedes hacerlo en el momento en que lo desees, en el lugar en que estés. Y esa será tu referencia a partir de ese momento.

—¿Y lo recorrido hasta entonces?

—Quedará en el pasado.

—Es… ¿como cuando nacemos? —preguntó John.

—En efecto. Para el niño, todo gira en torno suyo. Su mundo es él. Al crecer no recuerda su punto de partida, el centro que estableció sin siquiera saberlo hace ya mucho tiempo, por el cual empezó a poner orden en su mundo. Así que, cuando cae en la cuenta, fija algún otro, que puede ser el recuerdo más remoto de su infancia, su adolescencia, o algún momento de su vida que por cualquier razón, o sin ella, juzgue importante. Algún acontecimiento que será para él el punto de referencia de su pasado.

»En algún momento de su desenvolvimiento ulterior…, descubrirá que en su mundo también hay otras personas, que organizan su propio mundo de idéntica manera. Y así su camino se ensancha. Ya no solo se extiende hacia delante y hacia atrás, hasta donde pueda recordar, sino también hacia los lados, dando cabida a los otros. A partir de entonces depende de cada uno de nosotros desarrollar la capacidad de entender el punto de vista de los demás, desde su lado del camino, y ser capaces de situarnos en su centro de referencia. Finalmente, puede que lleguemos a aceptar que no hay un centro absoluto, ya que cada quien parte del suyo. Y que, si queremos entendernos, estamos destinados a encontrarnos, a conciliar nuestras distintas referencias en algún lugar del camino.»

El sensei invitó con un gesto al senpai.

—Desde otro punto de vista, el ejercicio también muestra —dijo Takashi— que un cambio de enfoque puede ser útil para resolver una situación compleja en la que nos hayamos estancado. Empezar a medir el camino por un extremo…, el supuesto comienzo, si es lo primero que nos viene a la mente…, es enfrascarse en una tarea imposible, ya que los extremos no nos son accesibles. En cambio, adoptar una perspectiva central desde un punto cualquiera, desde el cual dirigirnos hacia los límites, dondequiera que estén, ofrece una solución sencilla del problema.

Victoria asintió, reconociendo la utilidad del cambio de enfoque. Recordó sus reuniones de trabajo en las que tanto se insistía en cambiar de perspectiva, *to think out of the box*.

—… ¿Y ese camino… es el tiempo? —dijo Mari Carmen, que no había olvidado la primera pregunta del sensei.

—Claro. ¿Qué diferencia hay entre el tiempo y el camino de tu vida?

—El centro siempre eres tú —repuso John.

—En principio —corroboró el sensei.

—Sí, hasta que descubres que los demás van por otros caminos al lado del tuyo —concluyó Alberto, satisfecho consigo mismo de haber aprendido la lección.

—Así que el tiempo es solo un camino… —dijo John pensativo.

—Lo que sea el tiempo, querido John, nadie lo sabe… Lo que no nos impide medirlo y organizarlo.

—Es curioso —repuso Victoria—. Tampoco sabemos qué son los componentes del mundo cuántico, y aun así construimos desde televisores de fibra óptica a computadores.

—Eso es porque existen distintos saberes —dijo el sensei—. Un carpintero no tiene que saber física para hacer una silla, aunque la física es la que explica por qué no se salen los clavos o cómo funciona el pegamento que utiliza. Ni un pintor necesita conocer la química de sus pigmentos.

—Entonces, el tiempo… ¿podemos manejarlo sin saber qué es? —retomó John.

—En efecto. Podemos medirlo, organizarlo. ¿Alguien nos dice cómo?

Antonella apuntó:

—Distinguimos presente, pasado y futuro…

—Exacto —dijo el sensei—. En Occidente, casi todo el mundo representa el tiempo a través de una línea… Y nuestro punto de referencia, nuestro centro permanente, ¿cuál es?

—El presente… Donde estamos en este momento —respondió Mari Carmen.

—Siempre estamos en el presente. En el vacío que es el tiempo, nuestro punto de referencia inmediato cambia continuamente. Siempre es hoy. Podemos imaginar el tiempo como una línea sobre la que nos desplazamos. En la cultura occidental, el pasado queda detrás, y el futuro delante… Es la metáfora más recurrida en el uso del lenguaje.

—Por eso se dice que el mañana nunca llega —apuntó Alberto.

Todos rieron.

—Así es. Contamos desde nuestro presente hacia atrás y hacia delante: hace tantos años, dentro de tanto tiempo… Siempre en referencia al presente, lo único que realmente existe y lo único sobre lo que podemos actuar —dijo el sensei—. Porque el pasado está en la memoria. Y el futuro es solo posible.

Antonella asintió, revisando sus notas de días anteriores.

—A veces —repuso Mari Carmen— me gustaría poder volver al pasado y empezar de nuevo.

—¿De veras —dijo el sensei—, quieres partir otra vez de cero? Quieres perder tus experiencias más valiosas, desconocer a quienes quieres y has querido, deshacer tu personalidad, quien eres hoy…, dejar de ser tú para quienes te aman…, desaprender lo aprendido?

—No me refería a esas cosas. Quería decir… aprovechar mejor mi vida.

—El pasado es irrecuperable. Puedes revivirlo en el recuerdo, si quieres. O superarlo, si es lo que merece. Pero nunca ignorarlo, porque es el camino de nuestro aprendizaje. Si piensas que podrías aprovechar mejor tu vida, tienes el presente para hacerlo. De hecho, es lo único que tienes.

—Es cierto —respondió Mari Carmen con un deje de melancolía—. Pero es que mi memoria es demasiado buena… Mi memoria del tiempo perdido, de cosas que no hubiera querido que fueran así.

—¿Y qué seríamos sin nuestra memoria? En la vida no se recibe nada sin dar algo a cambio. Aunque ese algo no sea otra cosa que el tiempo transcurrido. Lo hermoso que has ganado, y que quieres conservar, es tuyo. Lo has compensado con lo otro, con lo que ahora querrías perder. Pero no debes dejarlo ir sino aprender de ello, porque es parte integrante de lo que te ha traído hasta el presente. Un presente que es una nueva oportunidad para elegir, a partir de lo que ahora tienes y conoces. En el fondo, has ganado.

—Y es a partir de eso —dijo lentamente John—, del conocimiento de nuestro pasado… y de nuestra vivencia del presente…, que construimos el futuro… Recuerdo un libro…, *Las líneas del tiempo y las bases de la personalidad*…, que expone algunas maneras de sentir el transcurso del tiempo. Hay personas que planifican todo su futuro, a lo largo de años, mientras que otras no prevén más de un par de semanas… Siempre me he preguntado por qué hay personas que parecen poder disponer con tranquilidad de todo el tiempo del mundo, mientras que otras no. Es como si el tiempo jugara a veces a favor de uno, y otras en contra.

—El tiempo es impersonal. ¿Juega el espacio, o la naturaleza, a favor tuyo? ¿En contra?... Todo depende del objetivo que te propongas, y de lo que hagas en relación con ello. El tiempo no decide nada, solo transcurre. Es a ti a quien corresponde actuar.

—Pero hay veces en las que yo también lamento no haber aprovechado mejor mi tiempo.

—El tiempo —comentó el sensei— es un vacío que vamos ocupando a medida que vivimos el presente. Si llenamos de cosas nuestro futuro, no dejamos vacío alguno para vivir.

»En Occidente existe una obsesión con el tiempo desde la llamada Revolución Industrial, que durante los años se ha ido extendiendo a muchos países orientales. Aunque esa actitud, en algunas personas, pocas todavía, puede estar cambiando. La mayoría han hecho de su propio uso del tiempo una tiranía que no deja margen a la vida... Y culpan de ello al tiempo mismo, a su escasez, sin darse cuenta de que ellos son los únicos responsables.

»Distribuyen cada minuto de cada día exigiendo resultados perentorios. Supuestamente para lograr más cosas pero, en realidad, cs para obtener más ganancias. Terminar un proyecto y empezar otro. Enseguida. Una y otra vez. Conseguir más, ganar más. ¿Y para qué? Los logros de una vida se miden más por la calidad que por la cantidad de objetivos cumplidos. Hay el dicho de que el dinero no da la felicidad, pero ayuda a conseguirla. Quienes así hablan confunden felicidad con comodidad. Y el poder que confiere el dinero con la libertad. Pero ignoran qué son ambas cosas.»

A Victoria, las palabras del sensei le sonaban dolorosamente familiares. Últimamente estaba cobrando una aguda conciencia de ello. Su preocupación por aprovechar el tiempo al máximo, y sus afanes con la obtención de resultados y con lo que había pensado que eran sus beneficios solo le habían producido angustias y el alejamiento de sus seres más queridos... Aun así, no encontraba una salida. Seguía valorando el dinero, el poder y el reconocimiento. Se justificaba a sí misma pensando que una vez que los poseyera, sus angustias terminarían. Recuperaría a sus hijos. Puede que a su familia. Quizás hasta se reconciliara con su esposo. Al final, habría valido la pena.

—Eso es porque esas personas no tienen el dinero y el poder que realmente necesitan para ser felices —dijo, como resultado de sus pensamientos—. No es que se necesite mucho —puntualizó al ver la cara que ponían algunos de sus compañeros—. Solo lo suficiente para vivir sin angustias, para poder por fin desprenderse de la tiranía de las necesidades no cubiertas.

—¿Y cuáles son esas necesidades? —preguntó el sensei.

Victoria lo miró sin entender que tuviera que responder una pregunta tan obvia. El sensei le preguntó a su vez:

—¿Te has dado cuenta de que los animales no tienen posesiones? ¿Les impide eso respirar, alimentarse, encontrar pareja..., cuidar de sus hijos?

—Has dicho que el ser humano es más complejo que los animales —recordó Victoria.

—Lo es —afirmó el sensei—. Tiene visión de futuro. Por eso se plantea objetivos, y medios para alcanzarlo. El dinero, el poder..., son medios, permiten hacer cosas. Lo que has dicho es verdad: el poder y el dinero cumplen determinados objetivos dentro de la compleja estructura creada por nuestra sociedad. A lo que me refiero es a ese *suficiente* que has mencionado antes… ¿Cuánto es suficiente?

—No sé. Sé lo que sería suficiente para mí.

—Cada persona es diferente —expuso el sensei—, ya que estructura su mundo desde su propia perspectiva… Es bueno que tengas claro lo que es suficiente para ti. Pero no podrá ser muy distinto de lo que sea para los demás, ya que nuestra experiencia nos dice que nuestras necesidades son semejantes. Lo descubrimos a medida que vamos ampliando la anchura de nuestro camino por la vida.

Las palabras del sensei trajeron a la mente de Victoria las masas de desfavorecidos que vivían precariamente en otros lugares. De hecho, no demasiado lejos de allí… En realidad, no demasiado lejos de cualquier lugar de la tierra.

—Pero esa obsesión por el tiempo que has mencionado, maestro —dijo John—, ese afán por la rapidez, por obtener más resultados más pronto, por alcanzar un objetivo comercial antes que la competencia…, ¿no conduce a una acumulación excesiva de ambas cosas, poder y dinero?

—Ese… afán, como le llamas —le respondió Victoria—, es parte de la visión propia de una empresa: su capacidad de proyectarse al futuro, de concebir una situación ideal en el porvenir, en un porvenir cercano, y hacer cuanto sea posible por convertirla en realidad.

—Lo entiendo pero…, ¿a qué precio? —insistió John, que no parecía tener una idea muy clara al respecto.

—Supongo… que no a cualquier precio —dijo despacio Victoria, que ya empezaba a dudar de todo.

Y dirigiéndose ahora al sensei, dijo:

—¿Y cuál sería la valoración correcta del dinero y el poder?

—Eso depende de cada quien, como tantas cosas. Pero debemos evitar que esa valoración sea excesiva. Porque más dinero del que merecemos implica que otro ha sido despojado; y más poder del que nos corresponde conlleva el avasallamiento de otros.

—Es cierto, sensei —dijo Alberto—. Todo debería conducir a la mejora del ser humano.

—Vosotros los más jóvenes —dijo el sensei— tenéis mucho que decir al respecto. Porque el mundo que recibís es un legado de vuestros mayores, quienes a su vez lo han recibido de otros. No les pertenece, y no tienen derecho a destruirlo con su afán. Tenéis mucho que reclamarles.

—Maestro —señaló Antonella, que había permanecido callada hasta el momento—. Estoy muy de acuerdo con lo que has dicho. Pero, por lo que he leído, en la filosofía oriental se valora sobre todo el respeto a los mayores.

—Eso supone una premisa —dijo el sensei— que no siempre se menciona. Los maestros, los mayores, deben ante todo ganarse el respeto de que hablas. Un maestro indigno es más indigno que el mayor rufián, porque, por cuanto sabe y debería saber, no tiene excusa alguna.

—Sin embargo, esas prisas y esa ambición que terminan acabando con todo —dijo Mari Carmen—, no la tiene todo el mundo.

—Afortunadamente. Lo que puede deberse, en parte, a que existen otras concepciones del tiempo.

El sensei invitó una vez más a hablar al senpai.

—En contraste con la representación lineal del tiempo —expuso este— existen otras concepciones. Los antropólogos hablan del tiempo cíclico. Se basa en la sencilla observación de las estaciones, la renovación de la naturaleza, la repetición del movimiento de los astros, el desplazamiento en círculo de las estrellas a lo largo de los años… Las culturas que tienen esta visión del tiempo viven en una especie de eterno presente, sin prisas, ya que el tiempo se repite. La vida de cada quien es, en cierto modo, una repetición de la vida de sus padres, y esta de sus abuelos, puesto que todo cuanto sucede a los hombres en el curso de su existencia es en muchos aspectos semejante.

—No obstante —continuó el sensei, agradeciendo al senpai con un gesto amable—, dentro de la concepción lineal del tiempo, dominante hoy día en casi todo el mundo, también podemos actuar con una conciencia mayor del presente. Lo que ayudaría a evitar algunos de los males de los que hemos hablado.

Y cedió nuevamente la palabra al senpai.

—Algunos pueblos de la India o China, entre otros…, los *sherpas* que habitan en las montañas del Himalaya, por mencionar un pueblo más conocido por los occidentales…, conservan, en general, esa antigua concepción del tiempo circular. Aunque hoy día están igualmente familiarizados con la concepción lineal del tiempo. Pero su actitud es más comedida ante las presiones del futuro, más próxima a las opciones que ofrece el presente. Cuando un sherpa acompaña a algún montañista occidental en su ascenso, el guía no planifica llegar a la cima a una hora determinada. Solo salen al amanecer con el único plan de llegar a un lugar seguro antes de que el sol se oculte. Viven en armonía con el tiempo y con la montaña.

—¿Es lo que se llama el vivir aquí y ahora? —preguntó Alberto.

—Sí, esos pueblos viven el presente como un vacío que se va llenando con cada experiencia —dijo Takashi—. No hay una noción de futuro como una meta establecida. La meta es vivir.

—Es importante aprender a vivir el tiempo —continuó el sensei— como si transcurriera, por decirlo de algún modo, «en cámara lenta». Hacerlo ir más lento o incluso ser capaz de detenerlo en nuestra mente, según nos interese. Solo así puedes vivir a plenitud.

—El problema —volvió a decir Victoria— es que no se puede vivir sin reloj en nuestro mundo. Hay muchas cosas que hacer. Trabajos que entregar. Horarios que cumplir. Reuniones que acordar. Aviones que tomar… Y dentro de todo eso, hacer tiempo para cosas como comer…, lo que tiene que ser necesariamente a cierta hora… Recoger a los niños del colegio… Acostarse, también a cierta hora, porque si no, no duermes lo suficiente… Las cosas son así y no puedes ignorarlo.

—Esta es una amplia cuestión sociocultural —asintió el sensei—, contra la que uno solo de nosotros poco puede hacer. No obstante, puedes crear un espacio para ti… Y, con tu actitud, quizás incluso influir en otros.

—¿Meditando? ¿Haciendo yoga…, *tai chi* quizás? —también eso requiere tiempo, sensei.

—Me refiero principalmente a la actitud. Dentro de todas esas actividades que mencionas, seguro existen momentos entre una cosa y otra. Mientras te trasladas, o cuando esperas que llegue alguien. O, en la oficina, al pasar de la planificación a la acción. ¿Nunca te tomas unos minutos para un café?… O unos minutos antes de dormir… Si ves televisión, como casi todo el mundo, aunque solo sea un cuarto de hora al día… quizás para ver las noticias, que en su mayor parte ya conoces…, podrías pensar en sustituir esos breves intervalos por momentos de lectura…, o de descanso con los ojos cerrados. O puedes disponer de un tiempo para ti, en tu mente, mientras realizas una actividad rutinaria, como conducir, o bañarte… Al principio puede que te sea difícil, y requerirá un esfuerzo consciente por tu parte. Pero si persistes, esos breves momentos pronto empezarán a convertirse en hábito. Y acabarás por descubrir que componen un todo continuo, dentro del cual, lo que antes era tu atareada actividad cotidiana será ahora intervalos de los que volverás renovada cada vez a lo que se habrá convertido en tu eterno presente. Presente que tendrá, a su vez, un efecto sobre esas múltiples actividades: mejorarás tu rendimiento, mejorándote a ti misma, y puede que mejorando a quienes te rodean, que se maravillarán de tu cambio.

—Y a qué dedico esos brevísimos espacios de tiempo? ¿Sobre qué debo meditar? —preguntó Victoria, escéptica.

—Hay muchas formas de meditación, o si quieres puedes llamarle contemplación, pero no hablo de ninguna específica.

—¿Muchas formas? —preguntó Mari Carmen.

—Sí. Puedes concentrar la mente en un objeto, en un sonido, en un concepto…, en tu respiración, en el momento presente…, en nada. En el vacío. La desaparición de todo pensamiento. Esta última es la más difícil, y a la vez meta de todas las demás. Pero también se puede empezar por ella.

—¿Por eso hablas de actitud?

—Sí. Porque más que la búsqueda de algo, es la búsqueda de nada. Solo así te encuentras a ti mismo.

—¿Y eso puede hacerse a intervalos…, a ratos? —insistió Victoria, sin abandonar su escepticismo.

—Al principio puede parecer difícil. Pero un breve instante puede contener un tiempo infinito.

—¿Qué es eso?… —preguntó Alberto—. ¿Otra trampa como la del tiempo y el camino?

El sensei sonrió.

—¿La búsqueda de la nada, dices? ¿Para encontrarnos a nosotros mismos? —preguntó otra vez Mari Carmen—. ¿Quiere decir que somos nada? ¿Vacío?

—En definitiva, es posible que no seamos más que vacío. Pero eso no debe ser motivo de decepción ni de angustia.

Ante las inquisitivas miradas del grupo, el sensei expuso:

—Dice Lao Tse que en el vacío de la taza reside la utilidad de la taza. Y en el espacio vacío de la ventana, la utilidad de la ventana. Si somos capaces de vaciarnos de nuestros contenidos, podemos adoptar cualquier otro. Por eso el ser humano es tan diverso. Y tan capaz. Podemos ser cualquier cosa porque somos multiformes. Como el vacío, estamos llenos de posibilidades.

La travesía

Día 11, crepúsculo

Víspera

El sabio conoce la conexión
que hay entre el principio y el fin.

I Ching, Libro de los Cambios

—¿Qué es la vida? —preguntó el sensei.

Los miembros del grupo se miraron, conscientes de compartir más ideas de lo que hubieran imaginado antes de sus conversaciones con el sensei durante los días pasados.

—Es un camino. Un recorrido —dijo alguien del grupo.

Todos asintieron.

—¿Y qué encontramos en ese camino?

—Opciones.

—Momentos en los que debemos tomar una decisión.

—Aprendizajes.

—Fracasos…, recuperaciones.

—Momentos de felicidad. A veces, de angustia.

—Recuerdos. Posibilidades futuras.

—Nuestros propios temores.

—El mundo.

—Nuestras capacidades, que a veces ignoramos.

—Lo inesperado.

—Lo que queremos encontrar…

—El presente.

—A nosotros mismos.

—A otras personas.

Quedaron momentáneamente en silencio.

—Todo eso es cierto —dijo el sensei—. Y puede que más. Hay ocasiones en las que algunas de esas cosas se nos hacen especialmente patentes. En tales casos podemos escucharlas con los oídos de nuestro entendimiento, contemplarlas de frente, asir la situación…, o cerrar ojos y oídos, y dejarnos llevar…, o apartarnos —hizo una pausa—. Mañana haremos un recorrido por las inmediaciones…, o en la distancia. —La mirada del sensei reflejaba una profunda comprensión y afecto—. Un tránsito.

La travesía

Día 12
Tránsitos

No procedo de ningún país, de ninguna
ciudad, de ninguna tribu.
Soy hijo del camino, caravana es mi patria,
y mi vida la más inesperada travesía.

Amin Maalouf

Todos estuvieron con sus mochilas frente a las puertas del Templo antes del alba, donde ya los esperaba el senpai. Tan pronto se completó el grupo, Takashi les informó que irían en coche. Echaron a andar todavía en la oscuridad, rodeando el recinto hasta llegar a un área descubierta desconocida por los estudiantes.

—Nunca había estado por aquí —comentó Alberto—. ¡Y no sabía que tuvierais tan buenos coches! —exclamó cuando se acercaron a una explanada donde había varios vehículos todoterreno, todos nuevos en apariencia y en impecable estado.

—¿Y el sensei? —preguntó John.

—Está en el lugar al que nos dirigimos —respondió el senpai.

—Si nosotros nos levantamos tan temprano —musitó Alberto, mirando las estrellas que aún lucían en el cielo—, ¿a qué hora se ha levantado él?

—¿Está muy lejos el lugar adonde vamos? —preguntó Mari Carmen.

—Cerca o lejos, eso depende de cómo lo veas… o cómo quieras verlo —respondió el senpai con una sonrisa.

El senpai condujo con gran habilidad por una sinuosa y estrecha carretera flanqueada por abundante vegetación en algunos trechos. El sonido del motor no conseguía ahogar el canto de los grillos, que se sumaba al crujido ocasional de alguna rama que golpeaba al vehículo en las curvas parcialmente invadidas por arbustos. Mari Carmen y Antonella, recostadas en la parte trasera, observaban, cada una desde su ventanilla, cómo desaparecían las últimas estrellas. En algún momento, al salir de una curva los rayos del sol naciente enfilaron directamente sobre el vehículo y sus ocupantes. El senpai mantuvo la marcha, y los que iban junto a la ventanilla pudieron discernir un riachuelo que corría paralelo a la carretera en algunos puntos. Minutos más tarde se detuvieron en un lugar desde el que se oía el rumor de una cascada.

El sol se elevaba poco a poco sobre las montañas, y el cielo despejado de nubes prometía una mañana calurosa. John preguntó si el río era el mismo que transcurría por la parte posterior del Templo, cuyo apacible rumor oían desde sus habitaciones. El senpai respondió que sí.

Anduvieron durante un tiempo, que a alguno se le hizo algo mayor de lo que había esperado, hasta llegar a las proximidades de la cascada, donde el riachuelo se ensanchaba formando una especie de laguna. A pesar de la altura de la caída, las aguas se veían calmadas en algunas áreas del ensanche y algo más inquietas en otras, desde donde corrían hacia abajo revelando el cauce irregular del río bajo la superficie.

Antonella y Alberto se acercaron a la tupida cortina de agua. El rocío que llenaba el espacio como una nube que avanzaba y retrocedía con la brisa, les mojó la cara. Mientras regresaban andando entre las piedras empapadas de la orilla alcanzaron a ver a Victoria que venía rezagada, manipulando su teléfono móvil.

Mari Carmen, subiendo la voz por encima del fragor de la cascada, exclamó señalando la otra ribera:

—¡El sensei!

Este se hallaba en la margen opuesta del río, algo alejado de la orilla, sentado en posición de loto sobre un grueso tocón de lo que debía haber sido un imponente árbol.

—En aquel tronco. ¿Lo veis?

—¿Cómo ha llegado hasta allí? —preguntó Antonella acercándose a los demás—. Si parece que no se puede pasar por ningún sitio…

—¡Sí…! —corrigió Alberto que venía tras ella, señalando una zona algo más abajo donde el río parecía estrecharse, que estaba parcialmente cubierta de maleza—. Cruzando por esos troncos.

—¿Pretende que pasemos por ese tronco hasta el otro lado? —Mari Carmen miró incrédula al senpai.

—Parece ser que sí —contestó este, señalando al sensei.

El sensei, sin abandonar su postura, les indicaba con un gesto en la dirección que acababa de señalar Alberto. Unas grandes piedras, como piezas rotas de un rompecabezas entre las que discurría el agua a gran velocidad, sobresalían de la superficie del río en aquel lugar. Algo más allá, torcido respecto a la dirección de la corriente, un grueso tronco parcialmente sumergido del que salían unas ramas retorcidas. Por la rapidez del agua que corría al finalizar el tronco podía adivinarse que el cauce no era muy profundo en ese punto. Seguramente permitiría apoyarse en el fondo somero durante un corto tiempo para avanzar un paso. Pero también se podía saltar hasta una gran piedra plana situada algo más allá, desde la cual continuar por el resto de las piedras hasta el otro lado.

El primero en cruzar fue Alberto. Fue increíblemente rápido, saltando sobre las piedras y caminando hábilmente sobre el tronco sin apenas mojarse. Al llegar al extremo del tronco, donde no se veía punto de apoyo ni sujeción alguno, saltó y siguió adelante conservando tranquilamente el equilibrio hasta llegar a la otra orilla. Su arrojo, o quizás su inconsciencia del riesgo de caer, le había dado una impensada ventaja. Evidencia de su precipitación fue que había dejado atrás su mochila y la bolsa de víveres para el grupo que había cogido al bajar del vehículo. Cuando lo advirtió, ya en el otro lado, dudó un instante antes de decidirse a esperar que cruzaran sus compañeros, que ya se disponían a hacerlo.

El segundo en cruzar fue John. Más prudente que Alberto, avanzó despacio con su mochila a la espalda y la otra bolsa de víveres amarrada a la cintura. Medía cada paso, calculando exactamente dónde saltar y el sitio donde apoyarse. Al llegar al tronco apenas cubierto por una capa de agua transparente que le pasaba por encima a gran velocidad, caminó sujetándose de las ramas más gruesas que sobresalían alzándose hasta unos dos metros por encima del agua. Al alcanzar el extremo, ya sin ramas, saltó acertadamente sobre la piedra plana del otro lado, desde donde siguió con pasos bien medidos de piedra en piedra hasta alcanzar la orilla.

Saludó con la mano a sus compañeros que habían quedado al otro lado del río y se acercó al sensei, que le invitó a sentarse con un gesto. Alberto se había levantado y paseaba de un lado a otro, inspeccionando el terreno, o quizás esperando que llegara el último de sus compañeros para regresar por su mochila.

Antonella fue la siguiente en cruzar. Acostumbrada a salir de excursión con su grupo de amigos por las afueras de Río, aquel cruce, a pesar de la velocidad de la corriente, no representaba obstáculo para ella. Antes de aventurarse por las piedras se inclinó y metió la mano en el agua, que salpicó con fuerza en todas direcciones. Mientras se refrescaba la cara, le dijo a Mari Carmen:

—¡Qué fresca!… No es nada, de verdad… Ante una cosa como esta, ayuda pensar en algo realmente imponente… ¿Has estado en las cataratas de Iguazú?

Mari Carmen no las había visitado, aunque siempre había estado entre sus proyectos.

—No importa —la animó Antonella, y añadió—. Es algo tan impresionantemente gigantesco —pronunció las palabras con calculado énfasis— que esto a su lado no es nada, créeme.

Mari Carmen lo sabía. Había visto fotos.

Antonella avanzó por encima de las piedras. Al llegar al tronco tendido sobre la corriente, se detuvo un instante y, apoyada en las ramas que sobresalían cubiertas de maleza, se quitó primero una bota y después la otra, que anudó a su mochila. Se arremangó los pantalones y recorrió descalza el tronco a todo lo largo, sintiendo cómo el agua le corría por los pies y subía por sus pantorrillas. Al alcanzar el extremo, pudo ver que el espacio que separaba el madero de las piedras del otro lado no era tan ancho como parecía desde la orilla. Pero en vez de saltar, viendo que Mari Carmen la observaba, metió un pie en el agua y luego el otro. La rápida corriente le llegaba ahora a las rodillas. Despacio, para no perder el equilibrio por la fuerza del agua, apoyó la mano en la piedra grande del otro lado para salir. Trepó sobre esta y anduvo con seguridad sobre las otras piedras más pequeñas para finalmente alcanzar la orilla opuesta.

Una algarabía que surgió simultáneamente de ambas riberas saludó su llegada.

Mari Carmen miró al senpai:

—Ahora yo, ¿verdad?…

—Siempre que quieras hacerlo.

Mari Carmen estaba decidida. Takashi le ofreció un largo palo de unos dos metros que tenía en la mano a manera de cayado.

—¡Gracias! —dijo ella con un guiño.

Cuando hubo andado unos pasos por las piedras, resbaló. Pero la larga pértiga que llevaba medio sumergida tocó rápidamente fondo, por lo que pudo apoyarse con facilidad. Mari Carmen miró hacia atrás y sonrió al senpai, que había dado un paso en dirección a ella. Tranquila, siguió adelante sin prisa. Cuando alcanzó el extremo del tronco, metió un pie en el agua para pasar ayudándose del largo palo que apoyó en el fondo cercano, en la dirección de la corriente. Subió a la gran piedra del otro extremo y continuó sin dificultad hasta el final. Todos aplaudieron su llegada.

—Yo también debí haber usado una pértiga —dijo John, que se adelantó a recibirla—. Me habría sido más fácil.

Mari Carmen le sonrió.

Todos esperaban a Victoria. El senpai se dio vuelta para dirigirse a ella, que venía bajando de una pequeña elevación del terreno en la que había permanecido mientras los otros cruzaban. Venía con el teléfono móvil en la mano, visiblemente molesta. Se dirigió al senpai y le espetó:

—¡Vaya una salida! Llevamos una hora andando y otra hora para cruzar. ¿Cuánto más vamos a estar aquí?

—Si no quieres ir con los demás, está bien —le respondió el senpai—. No hay obligación de pasar. Yo me quedo aquí contigo.

Sin decir una palabra más, Victoria pasó al lado del senpai y fue directa a cruzar el río por donde lo habían atravesado los demás. Sin ningún preámbulo empezó a andar por encima de las piedras. No tuvo dificultad con los primeros pasos, pero al llegar al tronco resbaló y estuvo a punto de caer al agua. Recuperó el equilibrio sujetándose de las ramas. Aquel leve contratiempo tuvo el efecto de exacerbar su rabia aun más de lo que ella misma hubiera podido aceptar. Sabiéndose blanco de las miradas, esta vez no por sus autovalorados méritos, a lo que estaba acostumbrada, sino por haber estado a punto de caerse y hacer el ridículo delante de todos, sintió un súbito calor ascender por sus mejillas. Avergonzada, siguió avanzando sin aminorar el paso y sin prestar mucha atención a lo accidentado del precario suelo que pisaba. Antes de llegar al extremo del tronco, volvió a perder pie, esta vez con tan mala suerte que, al intentar pisar fondo junto al tronco para recuperar el equilibrio, cayó al agua zambulléndose por completo.

El chapuzón, apenas audible en medio del fragor de la cascada, fue seguido por los gritos de alarma de sus compañeros.

—¡Victoria!

—¡Eh!…

—¡¿Estás bien?!…

Fue a parar entre un tronco y unas malezas en un ensanchamiento de las aguas solo unos metros más abajo. Por fortuna, el cauce del río formaba allí un remanso aún mayor que en la zona inmediatamente debajo de la cascada. El río era allí como una secuencia de estanques donde las aguas permanecían relativamente tranquilas excepto en los pasos intermedios, como el que habían utilizado, antes de que el cauce se estrechara definitivamente y el agua corriera impetuosa, bastante más abajo de donde estaba el grupo. Mientras corrían a rescatar a Victoria, John y Antonella se dieron cuenta de la configuración del río y de que no corría ningún peligro. De hecho, nadie había corrido peligro en ningún momento.

Tan rápido como la orografía del terreno lo permitía, todos llegaron hasta Victoria, que se encontraba a solo dos pasos de la orilla. El rescate fue sencillo, solo demorado por la cantidad de ramas y malezas que invadían la superficie del agua.

Una vez fuera, Victoria no pudo contener las lágrimas, que no sabía si eran de vergüenza o de rabia, ni si esta se dirigía a sus compañeros, al sensei o a sí misma. Había perdido su boina, y un anillo que le había regalado su marido y que siempre le había quedado algo grande. Nunca tuvo tiempo de llevarlo a ajustar. En cambio, el teléfono móvil, por algún milagro, se había salvado.

Sin responder a sus compañeros que se interesaban por ella, fue directamente hacia el sensei. El senpai, mientras tanto, se había reunido con el maestro. Había cruzado velozmente el río desde el otro lado cuando la vio caer, sin olvidar llevar la mochila y el bolso con la comida que había dejado atrás Alberto. Cuando vio que sus compañeros la sacaban del agua, decidió esperarlos junto al sensei. Victoria llegó hecha una furia y se detuvo de pie frente a los dos.

—¡¿Qué demonios pretende?!… —le increpó al sensei—. ¡He estado a punto ahogarme!… ¿Sabe? ¡Yo no debería estar aquí!

Sus compañeros se acercaron. Victoria levantó los brazos al cielo:

—¡¿Qué demonios estoy haciendo aquí?!… —clamó. Y mirando nuevamente al sensei—: Quiero que sepa que estoy aquí porque mi padre me pidió que viniera a este estúpido lugar. ¡Pero ya he tenido suficiente!

»Podría haberme ido de vacaciones a Roma…, o a París, y estar disfrutando de un buen hotel… En cambio, estoy aquí en medio de la nada, con una cuerda de monigotes que le siguen la corriente en todo lo que dice. ¿Quién lo ha convertido en juez y jurado de los demás?… ¿Quién le dio la autoridad para decir lo que es correcto y lo que no…, y hasta para decir lo que tienen que hacer los otros?»

Lo miró furibunda:

—A mí nadie me dice lo que tengo que hacer. Ni a mi padre se lo permití nunca. ¿Y tengo que venir aquí a esta ridícula excursión?…

»He perdido mi anillo… carísimo… que me regaló mi marido. He perdido una boina que compré en París y que me encantaba…

»Estoy toda magullada…, ¡casi me mato!… He tragado agua de esa… ¡sucia piscina estancada… llena de ramas y hojarasca! ¡Y usted ahí sentado mirando su estúpida naturaleza!…

»Estoy harta de este lugar. Harta de dormir en esas colchonetas… Harta de vuestro arroz. ¿Es que no conocéis una comida diferente?

»Ni siquiera he podido enviar fotos. La gente que conozco debe estar pensando que me he perdido. No tengo cobertura para comunicarme y saber qué pasa en el mundo. Solo ahí —señaló con el brazo extendido— he encontrado algo de cobertura y he podido leer un par de mensajes.

Victoria se giró hacia sus compañeros detrás de ella.

—Y estoy harta de vosotros también. Tú, Alberto, con tus boberías de niñato. ¿Cuándo vas a madurar?… Tú —se dirigió a

John— con tu esnobismo y tu filosofía barata. Presumiendo de *lord* inglés que juega a ser *hippie*… ¿Quién no daría lo que fuera por haber tenido una buena educación y unos padres que miraran por su futuro? Yo he tenido que hacerlo todo en mi vida. ¡Yo sola!

»Y tú, Mari Carmen…, te quejas de no tener a nadie, ahora que estás vieja. ¡Haberlo pensado antes cuando a lo mejor tenías tiempo! ¡Haber tenido hijos!… Ah, pero si no encontraste quien te quisiera, por algo será… Quizás porque nadie te soportaba, con esa actitud lastimera ante la vida.

»Tú, Antonella, con ese aire de niña *peace and love*… que no sabe qué hacer con su vida… ¡Pues búscate un hombre! Deja de pensar en fantasías y vive la realidad.»

Victoria se volvió hacia el senpai, que la observaba en silencio.

—Y usted, ¿hasta cuándo va estar detrás de este pobre anciano? ¡Haga algo útil con su vida!

Tras esas palabras, se alejó corriendo. El sensei había permanecido incólume mirando a Victoria con ojos que inequívocamente revelaban amor y comprensión. Precisamente era eso lo que más le molestaba, lo que, a su pesar, desarmaba su furia y mostraba su vulnerabilidad y su pequeñez. Frente a los demás y frente a sí misma. Por eso no había podido hacer otra cosa que correr, alejarse de los demás. Tenía que estar sola, a toda costa.

Todos se quedaron de pie en silencio frente al sensei. Takashi, sin moverse, no perdía de vista la dirección en la que había corrido Victoria.

Mari Carmen fue la primera en hablar.

—Creo que está muy alterada. La caída, el chapuzón…

El sensei permanecía en silencio observando al grupo. Al fin dijo:

—¿Qué nos enseña todo esto?

John, pensativo, respondió:

—Nuestros defectos, quizás… O algunos de ellos.

—¿Te refieres a Victoria? —inquirió el sensei.

—No —respondió rápidamente John, y miró a los demás como queriendo excluirlos también a ellos—. A mí mismo.

—Dices bien. Incluso una actitud destemplada puede enseñarnos mucho.

Ante la mirada inquisitiva de los estudiantes, el sensei prosiguió:

—Cuando tu ser se queda relegado durante demasiado tiempo en lo que crees que tienes que hacer, sin que ello pertenezca a tu esencia, se genera, al igual que en el río, un estancamiento. El fluir de tu espíritu se detiene como el agua en un estanque. Y si el estancamiento es prolongado, el agua puede incluso llegar a pudrirse, como esas hojas acumuladas.

Todos contemplaron otra vez la acumulación de hojas y malezas que mostraba el río en los remansos de la sucesión de estanques que formaba en esa zona, mientras el agua corría libre en otros puntos.

—Nuestra labor —continuó el sensei— es liberar esas aguas dentro de nosotros. Permitirles fluir y que no se estanquen. Porque en las zonas fluidas el agua es limpia y cristalina.

»De no hacerlo, puede que llegues a sentir que has llegado al final del camino. Un camino por el que has estado transitando y que está lleno de irregularidades ocultas, como el cauce de este río. Con el tiempo, esas pequeñas trabas ocasionan que el agua se vaya estancando, hasta que finalmente se interrumpe toda fluidez… y el agua solo puede salir rebosando como un torrente. —Y añadió—: Acabamos de presenciar uno de esos momentos.

»No obstante —prosiguió el sensei—, aun un espíritu ofuscado es capaz de arrojar alguna luz. —Y volviéndose a John—: Has dicho que has aprendido acerca de tus defectos. Fue la palabra que usaste.»

—Así es sensei. Creo que Victoria me ha hecho ver algo.

—Sin embargo, todo lo que ella ha dicho… simplemente no es verdad. Menos aún es mentira. Es solo un punto de vista. El suyo.

—Aun así, al menos en mi caso, ha dicho verdad —insistió John.

—Es posible. Pero los puntos de vista deben ser analizados bajo parámetros objetivos.

Todo el grupo guardaba silencio. El sensei prosiguió:

—Para ser objetivos en nuestra relación con los otros, un requisito previo es saber escuchar. Porque cuando no escuchamos y solamente oímos, no alcanzamos a diferenciar las ideas del trasfondo de ruido. El primer paso para poder proporcionar, y proporcionarnos, una respuesta objetiva es la escucha.

»Cuando alguien, a consecuencia de un malestar interior, acaso no sentido como tal, profiere una queja, como acaba de hacer nuestra amiga Victoria, está revelando un síntoma. Detrás de esa queja hay una petición encubierta de ayuda. Como cuando hay fiebre: no es la fiebre exactamente el objeto a tratar, sino aquello que la ocasiona.

»Su queja, su reclamo, aunque en sí no fuera objetivo, nos da la oportunidad de reconocer, por nuestra parte, algo que puede ser importante y que quizás nos había pasado desapercibido hasta entonces. Como has hecho tú, John. Reconocer lo positivo que nos aporta el otro desde su experiencia.

»Eso nos coloca en posición de hacer algo. Quien clama por ayuda, pone en nuestras manos la oportunidad de ofrecer. Ofrecerle una vía, una forma de desbloquear su situación.

»Y, si no somos indiferentes ante la situación, la tarea a realizar es llegar a acuerdos. Un compromiso entre puntos de vista que nos ayude a construir una realidad compartida.

»Estos son los puntos esenciales de este proceso: escucha, petición, reconocimiento, ofrecimiento, y acuerdo. Así construimos nuestra relación con los otros.»

Algunos contemplaron otra vez las aguas que acababan de cruzar. Otros miraron los altos árboles de aquel lado del río como si acabaran de descubrir su existencia. O fijaban la mirada en sus propios pasos. Todos permanecían en silencio cuando Victoria reapareció, bajo la mirada atenta del senpai. Empapada todavía, al principio se la vio dubitativa; luego avanzó decidida y se detuvo un instante. Al ver a sus compañeros que la observaban, finalmente se aproximó despacio al sensei, que seguía sentado en posición hierática. Le dirigió la mirada a todos, y en un tono totalmente distinto al del exabrupto que había protagonizado hacía unos momentos, dijo, con voz tenue:

—Quiero pedir disculpas. He sido muy repugnante… Y creo que no solo hoy… Todos estos días. —Reprimió un sollozo—. Lo siento.

—No tienes que disculparte.

—No pasa nada…

—No has dicho nada que no sea verdad… en mi caso al menos —contestó Mari Carmen. —Hizo una pausa y, queriendo a la vez ser justa, añadió—: Aunque, la verdad, no me pareció correcta la forma en que te dirigiste al sensei y al senpai. No se lo merecen.

Victoria sacudió la cabeza.

—Sois muy amables connigo… Y yo he sido muy grosera —añadió contundente—. Como solía decir mi padre, he hecho erupción como un volcán. —Sus ojos, todavía cargados de lágrimas, miraron al suelo—. Estoy muy avergonzada.

El sensei, y el senpai la observaban con cariño y sin una muestra de afectación, como si no hubiera pasado nada.

—No hay nada que perdonar —dijo el sensei—. Todos hemos aprendido algo. Cuando un volcán, como decía tu padre sabiamente, no puede expulsar la presión que se acumula en su interior, su fuego termina por abrirse paso con un estallido. Es por eso que las energías del fuego y las del agua, como el *yin* y el *yang*, deben mantenerse en equilibrio. No dejes que tu fogosidad interior se acumule y llene de negras nubes tu pensamiento. Dale salida en forma armoniosa para que se transforme en luz en tu mente.

—Si yo he aprendido algo hoy, maestro —insistió Victoria—, es que soy distinta de vosotros… Vosotros sois mejores, y más generosos. Como lo era mi padre.

—No es verdad —dijo Mari Carmen—. Cualquiera de nosotros podría estallar en algún momento… Todos somos iguales —recalcó. Y añadió, movida por un impulso repentino—: *Todos somos de color café con leche.*

Todos, incluido el sensei, la miraron con sorpresa.

—Sí… —Mari Carmen, sonriendo, tomó las manos de sus compañeros en un amplio gesto, acercándolas al centro. Unas junto a otras, formaban un abanico de tenues tonalidades. Las de Takashi eran aún más claras que las del sensei. Mari Carmen señaló las manos de todos—: *Unos con más café, y otros con más leche…* —Y observando el color de ébano de las delicadas manos de Antonella—: Algunos con solo unas gotas de leche.

Todos rieron.

—Hablando, como el otro día, de las cosas que nos gustaría olvidar del pasado —dijo Victoria—, lo que dije antes es una de ellas…

—No hay nada que olvidar —volvió a decir el sensei—. Porque la persona que dijo esas cosas no eres tú.

Victoria, y también los demás, lo miraron expectantes.

—Hemos hablado del cambio —les recordó el sensei—. Cuentan que en una ocasión alguien ofendió a un venerable maestro. Y al día siguiente, cuando este se encontró con quien lo había ofendido, lo saludó amablemente, porque ya no eran las mismas personas. Tú has cambiado desde hace unos momentos. Todos hemos cambiado. Solo si no reflexionamos sobre lo sucedido no cambiamos, y lo sucedido no serviría de nada. Pero todos hemos reflexionado. Y todos hemos aprendido. Gracias, Victoria.

—¿Me das las gracias por lo que hice?... —exclamó Victoria, avergonzada todavía.

—No por lo que hiciste. Por la oportunidad que se deriva de ello, y que nos ayuda a ser mejores. Porque depende de cada uno de nosotros el efecto que los acontecimientos ejerzan en nuestro interior.

—En mi caso —dijo Victoria con un hilo de voz—, vergüenza. Y la culpa es solo mía.

—No. Esa vergüenza no te corresponde. Porque esa persona quedó atrás. Ahora eres otra. Debemos aprender de nuestras propias acciones sin hundirnos en un sentimiento de culpa que solo genera malestar, y que nos paraliza en el camino.

»La culpa es como un parásito que nos priva de la alegría de existir, haciéndonos revivir con ojos del presente un acontecimiento del pasado. Si no la atajamos, cada vez se apodera más de nosotros hasta que finalmente nos engulle y solo somos culpa, no personas.»

—Maestro, pero ¿no debemos ser responsables de nuestros actos? —insistió Victoria.

—Desde luego. Pero ¿qué es ser responsable? Es asumir las consecuencias de nuestros actos, y actuar en función de ellas: mantener o corregir un curso de acción, aceptando el costo que conlleve para nosotros, cualquiera que este sea. A veces, simplemente, aceptar las cosas y dejarlas ir.

Victoria se quedó pensativa.

—¿Pero no quedarse en el remordimiento?… —dijo aún.

—Exacto. Porque ello no solo no conduce a nada, sino que limita nuestra capacidad de acción. Hay un tiempo para todo. Pero una vez transcurrido el tiempo para lamentarse, hay que actuar.

—No obstante —replicó Victoria—, a veces no se puede reparar lo hecho.

—Así es. Por eso debemos sopesar cuidadosamente nuestras acciones. Ahora, en el presente.

Todos quedaron en silencio.

—¿Y cómo podemos superar la culpa? —preguntó Mari Carmen—. La verdad, yo también me siento culpable de muchas cosas…

—Entendiendo que la culpa es solo es una elección —respondió el sensei—. Tus decisiones te orientan en un camino determinado, un camino que puede conducir a la cumbre de la montaña o a un cenagal. O a algún lugar intermedio. Tú decides.

—Pero cuesta separarse de ese sentimiento —dijo John.

—No hay que luchar contra la culpa —replicó el sensei—. Hay que verla objetivamente, en relación solo con los hechos. Y, una vez asumida tu responsabilidad, separarla de ti, de quien eres ahora. Cobrar conciencia de que ahora, debido a esa experiencia de antes, por deleznable o terrible que hubiera podido ser, tomarás un camino distinto. Nuestra tarea es hacer de cada una de nuestras experiencias una oportunidad para ser mejores: que nos ayuden a encontrar una nueva ruta, un mejor camino.

—¿Y si son otros quienes nos culpan? —preguntó Antonella.

—Si te regalo una ballena —respondió el sensei—, por otra parte, un cetáceo hermoso, imponente y maravilloso…, pero te digo «llévatelo a tu casa», ¿te lo llevarías?… ¿Dónde podrías guardar semejante animal…, dónde lo meterías?

»Cuando alguien te sigue culpando sin comprender que ya no eres aquella persona a quien reprocha, piensa en la dimensión de lo que te atribuye en estos momentos y pregúntate: ¿Debo aceptar esa ballena? ¿Me la echaré a la espalda para seguir cargando con ella?… Calcula lo que te supondrá cargar con el cetáceo. Eso te ayudará a entender todo lo que puedes perder si decides aceptar la culpa y vivir en ella.»

* * *

Hubieron de regresar al vehículo para proseguir la jornada. Esta vez el recorrido fue más largo aunque, quizás por más variado o por estar más adentrado el día, algunos no lo percibieron así. El paseo en coche fue como un intermedio, una pausa entre dos viajes que pudieron ser distintos pero que, como la vida, se concatenarían después en una secuencia inextricable, difícil de separar en la memoria, al igual que es difícil, si no imposible, distinguir las olas que conforman la marea.

Desde algunos puntos de la carretera que transcurría por la falda de la montaña se alcanzaba a ver, abajo, una vía más ancha por la que a esa hora del día discurría un tráfico automotor que a algunos les pareció bastante nutrido. Durante el tiempo que permanecieron en la corriente de vehículos que confluía hacia el puente de hormigón al que se dirigían ellos mismos, y que continuó hasta la presa de grandes dimensiones donde tomaron un desvío que los separó otra vez del tráfico, Victoria no pudo evitar recordar las largas filas de vehículos en las que cada mañana se estancaba, a veces durante más de una hora, por las concurridas calles y avenidas de la gran ciudad, antes de llegar al trabajo. Una extraña sensación la invadió, como si aquel mundo bullicioso de los grandes rascacielos, por otra parte tan familiar, le fuera ahora lejano, como si representara una forma de vida que ya no era la suya, o no del todo. No supo si era nostalgia o el deseo de no regresar. O de hacer algo distinto con su vida, si al final regresaba. Decidió que hacer algo distinto sería inevitable.

El todoterreno ascendía ahora en solitario en dirección a una montaña de aspecto piramidal que podía verse en la lejanía desde el Templo. El senpai detuvo el vehículo en un ensanchamiento al borde del camino que se proyectaba sobre la falda de la montaña. Al apagar el motor pudieron oír el rumor del río, que no alcanzaban a ver desde allí. Permanecieron un rato contemplando la magnífica vista del valle a sus pies. A sus espaldas, más allá del suelo cubierto de musgo que albergaba una vegetación abundante, divisaban los picos de las montañas con forma de pirámides que daban nombre a la región. Al otro lado, por debajo de ellos, se alcanzaba a ver, entre la ramas de los árboles, unos tejados que parecían familiares.

—Aquello… ¿es el Templo del Conocimiento? —preguntó Mari Carmen.

—Así es —respondió el senpai.

—No imaginé que estuviéramos tan cerca… ¿Quiere decir que habrá algún camino… por ahí? —señaló abajo la tupida vegetación.

—A veces se está más cerca de lo que parece —repuso el senpai con un guiño—. Y siempre hay un camino. En realidad, en este caso, varios.

—Pero supongo que será mejor regresar en coche, ¿no?

—Si así lo deseas… De momento seguiremos a pie.

El senpai encabezó la marcha por un sendero que ascendía hasta un rellano del que partía un puente que se extendía sobre un precipicio hasta la falda de la montaña al otro lado del desfiladero. Como ya era de esperarse, en un montículo al lado del rellano, sobre una ancha piedra, encontraron al sensei en actitud de meditación. En esta ocasión, sus vestiduras eran diferentes. Los estudiantes nunca lo habían visto en ese amplio atuendo de seda blanca, de un blanco casi deslumbrante. Con cierta timidez, Antonella se atrevió a preguntar.

—El blanco —explicó el sensei con una amplia sonrisa— es la representación de la nada, del vacío absoluto…, del no pensamiento, del no hacer. Como un espacio desocupado, como un día diáfano, como una hoja no escrita…, libre para poner en ellos lo que se necesite. Es en el perfecto vacío donde reside la unión del silencio, la paz y la acción en equilibrio.

El senpai los animó a acercarse al comienzo del puente que conectaba con la montaña al otro lado. Estaba hecho de tablas pequeñas, de ancho algo mayor que una persona, atadas entre sí, que recordaban los libros de tablillas de bambú que habían visto en la biblioteca del Templo, unidas por nudos de cuerdas, obviamente en este caso mucho más gruesas. Las barandas a ambos lados, si así podían llamarse, eran asimismo de cuerda entretejida a todo lo largo del puente, que se combaba por su propio peso sobre el vacío entre las dos faldas montañosas. Muy abajo, al fondo del desfiladero, el río, que en aquella zona adquiría la forma de unos rápidos que corrían a gran velocidad. Aunque el elemental sentido común decía que el puente debía ser seguro, en conjunto parecía frágil e inestable, arriesgado de cruzar.

Desde donde estaban podían ver al otro lado del precipicio un camino que descendía suavemente y que, según dijo el senpai, era el inicio de un cómodo paseo hasta el Templo del Conocimiento.

—Entonces, ¿este va a ser nuestro punto de retorno? —preguntó John.

—Tal vez —dijo el sensei—. Otra opción es volver por donde hemos venido. Y todavía hay otras opciones.

»A veces regresamos sin darnos cuenta. Y otras, cuando queremos regresar nos alejamos. Algo que, en gran medida, depende de cada uno…, pero no siempre. Recordad que el camino puede ser circular, aunque a veces no lo parezca. Una pequeña fracción de una circunferencia muy grande puede parecer una línea recta vista de cerca.»

—Como nuestra vida —repuso Mari Carmen—. A veces creemos que avanzamos, cuando en realidad volvemos al mismo punto.

—Siempre se avanza —respondió el sensei—. Porque al volver llevamos con nosotros la experiencia que hemos acumulado. No somos los mismos.

—No… —repuso John, pensativo—. Somos más viejos.

—Y más sabios…, lo que es más importante —dictaminó el sensei—. Siempre que sepamos aprovechar nuestra experiencia. Hazte sabio antes de hacerte viejo. Porque algunos llegan a viejos, pero pocos a sabios.

Hizo una pausa.

—Quizás debamos preguntarnos en este momento: ¿Queremos o no queremos regresar? ¿Por dónde? ¿Qué hemos aprendido?

Con esas palabras se levantó y se dirigió al puente que se extendía sobre el vacío. Lo hizo andando, pero a algunos les pareció que flotaba, quizás por efecto de las amplias vestiduras que ocultaban sus pies. Con los brazos extendidos probó la tensión de los amarres que sujetaban el extremo del puente de los árboles cercanos, pero no como lo haría un avezado técnico sino un ágil trapecista, usando las cuerdas como puntos de apoyo para avanzar a lo largo del puente con un movimiento ininterrumpido, de tabla en tabla y de cuerda en cuerda, sin solución de continuidad, posándose aquí con la gracia de una mariposa, allí con la trémula suavidad de una hoja. Se desplazó a lo largo del camino de tablas que pendía del vacío girando como una peonza, revoloteando como una luciérnaga bajo la oblicua luz del atardecer que reverberaba en los instantáneos pliegues de su blanquísimo atuendo, levitando como una libélula a punto de posarse sobre una delicada brizna. El puente no parecía sufrir el embate de su peso, oscilando apenas por efecto de la brisa, como si el sensei, en vez de ocupar el espacio por el que avanzaba, se deslizara a través de él.

Todos contemplaron asombrados como alcanzaba el otro extremo sin esfuerzo aparente, y como una vez allí, su imagen disminuida por efecto de la distancia fue aumentando nuevamente a medida que se acercaba otra vez a ellos, esta vez con increíble rapidez. Algunos habrían podido jurar que se aproximaba ora como una esfera luminosa, sus vestiduras infladas por la fuerza centrífuga de su danza, ora como una delgada jabalina, certeramente enfilada hacia ellos en la dirección del puente, haciéndose casi invisible por momentos. Fascinados por la sorprendente visión, le oyeron decir cuando apareció otra vez junto al grupo:

—Es vuestro turno. No tenéis que hacer lo mismo que yo. De hecho, no debéis intentarlo. Solo seguir los pasos necesarios hasta el otro lado, donde os estaré esperando. El senpai os dirá cómo llegar y os acompañará en este tránsito.

Y, con la misma presteza, partió haciendo nuevos giros y movimientos en el aire hasta alcanzar de nuevo el otro lado, desde donde les dirigió una reverencia y se sentó calmadamente en posición de loto.

Victoria fue la primera en hablar:

—Senpai, ¿puedes decirnos cómo cruzar el puente paso a paso… punto por punto?

—Primero, visualízate allí —respondió Takashi señalando el espacio abierto tras el otro extremo del puente, donde se encontraba el sensei—. Obsérvate a ti misma situada en la posición que quieres alcanzar. Piénsate con tu objetivo ya realizado antes de realizarlo. Luego, estando allí, mira hacia atrás y observa qué hiciste para llegar. Recuérdate a ti misma los pasos que has dado para conseguirlo.

»Pero recuerda al empezar tu recorrido que puede haber imprevistos. Quizás se mueva el puente. Puede que el viento te estremezca y debas cambiar tu manera de andar. Tal vez dudes por momentos. Pero pisa con cuidado y mantente firme sobre las tablas, una tras otra. Solo cuando te sientas segura, da el siguiente paso. Sostente de las cuerdas y mantén siempre la vista al frente. Recuerda: tus manos sosteniendo las cuerdas, tus ojos siempre mirando al frente, y tu atención enfocada en el sensei, que está ahí esperándote.»

Pero antes de que ningún otro miembro del grupo diera un paso hacia el puente, Alberto ya había empezado a cruzarlo. El senpai indicó con un tranquilo gesto a los demás que esperaran, y le dirigió la palabra a Alberto, que avanzaba decidido por las tablas.

—Alberto. ¡Recuerda mantener la mente en algo de lo que te sientas seguro!

Alberto iba rápido, apoyándose someramente aquí y allá, como queriendo desplazarse a modo de juego a la manera del sensei. Ahora se colgaba de las cuerdas para saltar dos o tres tablas, ahora las recorría de lado, cambiando el paso de izquierda a derecha. O bien pensaba que no corría ningún riesgo, o simplemente no pensaba, porque en un momento en que pareció querer arriesgar más saltó con ambos pies, quizás por un tropiezo, sobre una de las sujeciones que unían las tablas a las cuerdas laterales. Perdió el equilibrio y, para no caer, aterrizó de golpe sobre el borde de unión de dos tablas situadas dos pasos por delante de él y que estaban algo más separadas. Una de ellas cedió y, al atravesar el agujero con la pierna, falló el agarre de su mano, que se agitó en falso en el aire, desequilibrándolo aún más. Toda la estructura osciló y se inclinó bruscamente a un lado. Aferrado con una sola mano a las cuerdas que formaban la baranda del lado opuesto al pie que colgaba sobre el precipicio a través de las tablas, Alberto agitó desesperadamente el otro brazo en busca de apoyo, pero las cuerdas de ese lado se alejaban de él. No había llegado aún a la mitad del puente.

El senpai, que vio venir la caída, corrió a su encuentro con tal presteza que se encontraba ya allí cuando el brazo izquierdo de Alberto se agitó en el vacío al no encontrar la cuerda de ese lado. Sorpresivamente, la recia mano de Takashi, que había avanzado deslizándose por el lado más firme de la estructura, sujetó el brazo derecho de Alberto. El senpai distribuía su peso con las piernas abiertas en ángulo sobre los puntos de sujeción de las cuerdas con las tablas, donde la armazón ofrecía mayor resistencia, compensando la tensión con que su otra mano asía las cuerdas superiores del puente. Pero Alberto, a pesar de sentir el seguro agarre del senpai bajo su brazo derecho, todavía sin poder apoyar el pie suspendido en el vacío, trastabilló nervioso con la otra pierna, y una tabla más emitió un crujido.

En ese momento, otra mano vino a encontrar la mano izquierda de Alberto, que se agitaba inútilmente en el aire en busca de la cuerda que se alejaba de él con la inclinación del puente. Era Antonella, que le tendía la mano desde atrás, estirándose al límite de su alcance mientras se sujetaba con fuerza de las cuerdas superiores más alejadas del punto de rotura. Alberto dejó de buscar la soga y cogió la mano de Antonella que se ofrecía tras él.

Con los puntos de apoyo finalmente equilibrados, los tres se mantuvieron quietos mientras la oscilación del puente fue cesando. Al cabo de unos minutos, Alberto sacó con extremo cuidado el pie del agujero, para gran alivio de Antonella que apenas habría podido aguantar por más tiempo.

—Lo siento —alcanzó a decir—. No pensé que podría caer…

El senpai lo soltó despacio cuando vio que había recuperado el equilibrio por completo sobre el puente todavía oscilante. No sintió que tuviera nada que decirle. Antonella echó una mirada inquisitiva al senpai, que asintió con un movimiento de cabeza. Takashi regresó sobre sus pasos con la misma rapidez con que había aparecido, casi sin generar movimiento en la estructura, que lentamente iba recuperando su posición colgante, y cuando Alberto reanudó lenta y calmadamente el paso, Antonella siguió andando tras él. Después de todo, casi estaban en la mitad del puente.

—*Se quer se matar, faça quando estiver sozinho, não leve todo mundo com você! Parece que não pensa! Brinca o tempo todo...!* ¡Te has puesto en peligro y también a todos nosotros!... Ahora ¡por favor! camina con cuidado hasta que lleguemos al otro lado.

Minutos más tarde, ya salvos en el otro lado del precipicio, Antonella rompió a llorar. No sabía si por la emoción contenida, porque acababa de comprender el peligro que había corrido al precipitarse hacia el puente... o si lloraba de alegría porque había ayudado a salvar a su amigo. Y quizás también porque había logrado salir de su aislamiento casi sin pensarlo... Alberto la observaba en silencio, sin atreverse a hablar. En un momento se acercó y le obsequió una flor que había recogido del borde del camino. *¡Qué estupidez!*, pensó en ese momento. Pero ella cogió la flor de su mano y lo abrazó.

John quiso ser el siguiente en cruzar. Cuando Antonella pasó a su lado como una exhalación en dirección a Alberto, la precipitación de la joven le había hecho aguardar los acontecimientos a pesar suyo. De manera inexplicable, al senpai no lo había visto hasta que estuvo al lado del muchacho... Puede que el peso de cuatro personas hubiera sido demasiado para la armazón de cuerdas y madera. Así que ahora quería estar seguro de la solidez de la estructura antes de que pasaran sus otras dos compañeras.

Como era su costumbre, avanzó despacio, midiendo cada paso, calculando el grado de peligrosidad antes de poner el pie, calibrando cada movimiento. Al llegar a la mitad del puente vio a través de la tabla rota del suelo el cauce del río al fondo del desfiladero. El agua discurría impetuosa por el marcado desnivel del terreno. Había otra tabla partida, pero no era difícil evitar ambas con un solo paso algo más largo. A menos, claro está, que el miedo te paralizara. Pero pensó que a estas alturas..., *literalmente*..., sus dos compañeras estarían a salvo de ello. Las cuerdas no se veían resentidas a pesar del balanceo que había experimentado la estructura. Decidió que no había de qué preocuparse. Entonces comprendió el elaborado paso del sensei: ida y vuelta, e ida nuevamente... Estaba probando la resistencia del puente. De sobra debía conocerlo, pero seguramente volvía a probarlo por precaución en cada ocasión que hacían aquel recorrido, antes de que pasaran los estudiantes.

Pensó, allí detenido, que también en eso el sensei le mostraba el camino, sin hacerlo notar, sin necesidad de palabras. ¿No era, quizás, excesiva la meticulosa precaución con que él calculaba cada uno de sus pasos? ¿No era una muestra más de su constante temor al fracaso?... Y ese temor, ¿no era consecuencia de aquel antiguo amor truncado y ya perdido desde hacía mucho tiempo, de sus muchas desavenencias familiares y el posterior distanciamiento con su padre?... En ese punto, echó la mirada delante y atrás. Estaba en el centro del puente, el lugar donde las fuerzas se equilibran. Un buen momento, pensó, para arrojar un viejo lastre que había cargado toda su vida. Entre el arrojo desenfrenado de Alberto y su excesiva prudencia debía haber algún lugar intermedio para una razonable confianza. Los extremos son poco recomendables. Él lo sabía. Se lo había dicho a Antonella hacía pocos días cuando hablaron de la importancia de hacer lugar al azar, de no tenerlo todo previsto... Curiosamente, a veces saber es descubrir lo que ya se sabe..., a un nivel de conciencia más profundo. También eso se lo debía al sensei.

Dejó de hacer cálculos y previsiones. Decidió que al recorrer la mitad que le faltaba del puente dejaría atrás su miedo a no satisfacer sus propias expectativas, a que no pudiera demostrarle a su padre…, en realidad, a sí mismo…, que era capaz de ir por la vida sin su nombre y sin su apoyo. Al fin y al cabo, mal que bien, es lo que había hecho hasta ahora. Si podía seguir haciéndolo o no en cada situación futura, no importaba. De pronto, al sentirse libre de esa carga, se le ocurrió que incluso si él no necesitaba de su padre, quizás su padre sí necesitara de él… Puede que fuera hora de hacer las paces. Sintió que cada paso que daba hasta llegar al otro extremo del puente lo alejaba más y más de sus antiguos temores. Si debía ser alguien en la vida, era precisamente quien había llegado a ser, así de simple.

Victoria fue la siguiente. Siguiendo cuidadosamente las instrucciones que había dado el senpai, avanzó despacio y con seguridad por el puente. Apenas miró hacia abajo, solo lo necesario cuando llegó a la mitad para pasar por encima del agujero sin caerse. En ocasiones, una sola experiencia puede condensar un largo periodo de aprendizaje. Gracias a lo vivido en los últimos días, ahora sabía mejor de lo que carecía, y sabía también lo que quería construir. Y sabía que esas personas con las que había compartido su estancia durante esos días eran sus amigas, y que podía contar con ellas. A diferencia de lo que acostumbraba hacer, no había tenido oportunidad de lucirse ante ellas, más bien al contrario, les había mostrado su peor cara. Aun así, la habían aceptado como era. Más aún: le habían dado su apoyo.

Cuando alcanzó el otro extremo del puente, Antonella y John salieron a su encuentro. Alberto también se acercó, aunque todavía retraído. Victoria se atrevió a bromear:

—De haber sabido que ibas a estar tan callado, le habría pedido al sensei que hiciéramos este viaje unos días antes…

Buscó la mirada de Alberto con gesto afectuoso. Este le devolvió la sonrisa, y Victoria por primera vez lo besó en la mejilla.

—Y de yo haberlo sabido —dijo John viendo a las dos mujeres a ambos lados de Alberto—, habría sido yo el que saltara por el puente…

Todos rieron. El sensei observaba atento sin decir palabra.

Mientras, al otro lado del puente, Takashi decía a Mari Carmen:

—¿Qué quieres hacer?

Y antes de que tuviera tiempo de responder, añadió:

—Si decides que no es tu momento de cruzar, yo me quedo aquí contigo. Hay varios caminos, como ya sabes, y podemos regresar por cualquiera de ellos.

Pero Mari Carmen había tomado su decisión hacía ya rato.

—Senpai… —dijo levantándose decidida de la piedra en la que se había sentado mientras observaba a Victoria cruzar el puente—: Si algo he aprendido estos días es que no hay nada que no pueda hacer si me lo propongo. Me tiemblan las piernas de solo pensar en cruzar el precipicio. Pero no me voy a quedar aquí sentada mientras mis compañeros ya están en el otro lado. —Y añadió, como retando burlonamente al senpai—: Si tú vas, yo voy.

Takashi le sonrió y, con una reverencia, le cedió el paso.

Mari Carmen se acercó decidida al puente y puso pie en él. La armazón se balanceó levemente. Echó una mirada al senpai, respiró hondo y, sujetándose de las cuerdas, avanzó despacio por las tablas. Sintió la extraña sensación de colgar del vacío con el balanceo del puente a cada paso que daba. Al aproximarse a la mitad, donde estaban las tablas rotas, vio un trozo de una de ellas colgando precariamente, apenas sostenida por un resto de cuerda. Viendo el río allí abajo a través del agujero, mientras sentía la brisa en el rostro, suspendida en medio de la nada, recordó que solo unos nudos de cuerdas impedían su caída hasta el fondo del desfiladero. Estaba a mitad de camino. En este momento igual daba seguir adelante o hacia atrás. Se detuvo. Tenía tres opciones: seguir avanzando…, caer por el agujero…, o regresar por donde había venido. No le fue difícil decidirse. Después de todo, ¿quién podría decir que era más seguro cruzar las calles de cualquier otro lugar del mundo? La pérdida de continuidad del puente, a sus pies, era solo una más de las que había encontrado a lo largo de su vida. *¿Cuántas veces te he tenido que cruzar? ¿Cuántas veces más tendré que hacerlo?…* Extendió la pierna dos tablas más allá y superó el agujero, dejando atrás el punto de no retorno. Era su vida. Su presente. Así que la decisión era suya.

Al llegar a su destino, todos la recibieron alborozados. En el rellano al comienzo del puente vieron a Takashi con un par de maderas bajo el brazo. Más rápido de lo que podían haber pensado, el senpai reparó las tablas rotas y se unió al grupo.

El sensei, que había permanecido al margen en el extremo del puente, se incorporó al fin e iniciaron el camino de regreso. Descendieron en calma por el sendero sin necesidad de hablar, con una indefinible sensación de camaradería, como si cada quien compartiera de algún modo los pensamientos del otro. En algún momento, alguien preguntó al senpai por el vehículo que había quedado al otro lado del precipicio. Takashi asintió, como si hubiera estado esperando la pregunta.

—Ya nos estamos encargando —respondió amablemente.

Después...
O antes

Las personas más bellas que he encontrado
son aquellas que han conocido la derrota,
el sufrimiento, la lucha y la pérdida,
y han hallado su forma de salir de
las profundidades.

Elisabeth Kubler-Ross

Se hallaban sentados en círculo en la amplia sala, frente al extenso ventanal que permitía divisar, a lo lejos, las distantes cumbres montañosas. Los árboles cercanos proyectaban alargadas sombras, algunas de las cuales manchaban el cristal con elongadas formas vegetales que mudaban ligeramente su posición bajo el influjo de la brisa exterior.

El atuendo del sensei era el habitual. Solo su función, como la del senpai, los diferenciaba del grupo de estudiantes. Como también era habitual, estos esperaban que el sensei iniciara la pauta de la conversación, que podría discurrir por cualquier cauce. Asimismo era habitual que pudiera producirse algún cambio, en la pauta o en cualquier otra cosa. Por lo que, en realidad, no se sorprendieron demasiado cuando el sensei, en esta ocasión, empezó así:

—Ahora que estamos todos otra vez reunidos, me gustaría oír si tenéis algo que decir… Siempre que queráis compartirlo, desde luego.

Hizo una pausa.

—Lo que queráis decir puede ser simple o complejo. A veces, la complejidad se expresa en la mayor simplicidad.

Antonella no tardó en hablar:

—He estado pensando respecto a nuestra última experiencia… Sé que cuando me lancé a cruzar el puente actué sin pensar… Pero valió la pena. No solo por Alberto…, a quien ayudé a salvar, que es lo más importante —acompañó esas palabras con un gesto de reconocimiento al senpai—. Aunque, pensándolo bien, mi inconsciencia pudo haber tenido consecuencias desastrosas….

Pero en este caso... Aún estoy confundida, pero es que no pensé en nada porque justo en ese momento no fui yo, fui aquella otra persona que estaba sobre el puente. Sin darme cuenta, la situación me hizo salir de mi encierro interior. —Y, mirando de modo significativo al sensei, concluyó—: Sé que todavía tengo que abrir muchas puertas, pero por ahora he abierto una ventana.

—Ninguno de nosotros está a salvo de error —dijo el sensei con una sonrisa—. Y, a veces, el error puede ser fatal. Es, simplemente, uno de los riesgos de vivir... En este caso todo salió bien, gracias también a nuestro querido senpai. —El senpai hizo una modesta reverencia—. Pero tienes razón, Antonella: al parecer, has abierto una ventana. Sigue viviendo tu interior, en conjunción, ahora, con la luz exterior que ha empezado a entrar por ella.

Tras un breve silencio, John repuso:

—Maestro, yo quisiera agradecer no solo tus palabras sino también lo que enseñas sin ellas. —Abarcó con la mirada al senpai y a sus compañeros—. Lo mucho que he aprendido de ambos... ¡de todos!... casi sin darme cuenta. He comprendido que la racionalidad no lo es todo, y que la mía, seguramente excesiva a veces, era el escudo con el que me protegía de la posibilidad de no alcanzar mis metas. Ahora estoy dispuesto a reconocer las limitaciones de cualquier previsión porque, de todos modos, cualquier cálculo racional siempre será incompleto. Así que ahora acepto la posibilidad del fracaso... Para trabajar sobre ello, por supuesto. Y, por supuesto, ahora espero lo inesperado.

El sensei vio que Takashi quería decir algo. Asintió levemente con la cabeza, y el senpai exclamó:

—Una manera muy racional de dar cabida a lo irracional...

Incluso John no pudo evitar reír.

La siguiente en hablar fue Victoria:

—Yo… estoy *muy* contenta de haber venido…, de haber cumplido este último deseo de mi padre. Y también estoy muy agradecida, a todos. Habéis sido muy pacientes conmigo… Sé que tengo muchas cosas que mejorar, y ni siquiera sé por dónde empezar. Pero voy a mejorarlas. He enfocado mal muchas cosas. Para empezar, mi propia valoración la he basado en cosas banales…, que no tienen la importancia que les había atribuido. Y con eso he descuidado…, no, he menospreciado el valor de los demás…, hasta de mis seres queridos. No sé el tiempo que me lleve hacerlo, pero haré cambios. —Miró a sus compañeros con lágrimas a punto de brotar—. Gracias.

No hubo respuestas. Pero Victoria sintió que no eran necesarias. Se sintió arropada por el comprensivo afecto de sus compañeros. Y por la sonrisa amable del sensei y del senpai.

El sensei se dirigió entonces a Mari Carmen:

—¿Puedo hacerte una pregunta?

El gesto de asentimiento de la mayor del grupo fue categórico.

—¿Te puedo preguntar *quién* ha hecho esta travesía?…

—Mari Carmen. *Yo* he hecho esta travesía —respondió ella con decisión.

—Pensé que quizás dirías Blanche… —sugirió con voz amable el sensei.

—Cuando niña fui Blanche. Luego, con mi traslado y mi separación, deseché esa parte de mi infancia. Pero eso fue hace ya mucho tiempo… Lo acepto, por supuesto. Es parte de mi pasado. Pero ahora he aprendido a vivir el presente —concluyó con una amplia sonrisa.

—Yo también he aprendido algo —dijo por fin Alberto, que, al parecer, había resurgido plenamente del letargo en que lo había sumido su experiencia en el puente. Todos lo miraron expectantes.

—Después de mi atolondrado comportamiento… —y añadió con un gesto a modo de descargo— en ocasiones… De todo lo que tengo que agradecer…, especialmente de mi metida de pata en el puente…, literalmente hablando… —todos rieron—, y de todos los comentarios profundos que he escuchado estos días, y los que acabo de escuchar… —hubo algunas sonrisas—, solo puedo decir una cosa. Es respecto a algo que dijo el sensei. No sé…, espero que sí pero no sé… si llegaré a viejo. Y sé de seguro que me falta mucho, mucho que aprender. Pero también sé que gracias a todos vosotros… —miró especialmente al sensei y el senpai— ya soy un poquito más sabio.

Cuando las risas cesaron, el sensei, sin palabras, hizo un gesto como si introdujera por primera vez al senpai al grupo. Este dijo entonces:

—En esta región hay ciento ocho Templos. Este es solo uno de ellos. Todos tenemos una función de algún modo semejante. Cuando os marchéis…, porque todo termina, ineludiblemente…, queremos pediros la oportunidad, si así lo queréis, de mantener el contacto. Solo si queréis y cuando queráis. No es necesario que nos comuniquemos formalmente, basta con que nos permitáis saber dónde estáis. Para así poder repetir una experiencia semejante alguna vez, en este o en otro Templo, con vosotros mismos si queréis hacerlo así, o con otras personas. Tal vez no sepáis lo importante que es para nosotros.

—Querrás decir para *nosotros* —intervino John.

—¡Queda todavía tanto que aprender!… —exclamó Mari Carmen con un leve aire de nostalgia.

—Cierto —admitió el senpai—. El *Libro de los cambios* cifra en sesenta y cuatro hexagramas las situaciones generales por las que puede pasar la vida de una persona. Y para tener una idea más cercana en cada caso, se recurre con frecuencia a un hexagrama complementario, que puede ser otro cualquiera de los sesenta y cuatro existentes. Eso proporciona una variedad de situaciones de…

—Más de cuatro mil… —dijo John.

—Cuatro mil noventa y seis, para ser exactos —confirmó el senpai—. Dedicando solo un día al estudio de cada una de tales situaciones posibles en toda su complejidad, sin faltar un solo día, serían más de once años de estudio para conocerlas todas… Y esa es solo una de las tradiciones en las que se apoya la experiencia del zen.

Alberto, apesadumbrado, repuso:

—Y nosotros hemos pasado aquí apenas unos días…

Una sonrisa se dibujó en el rostro del senpai.

—Así es, querido Alberto. Pero no debemos afligirnos. Todo ejercicio de conocimiento es un avance.

Y dirigiéndose a Mari Carmen:

—Y, en efecto, queda mucho por aprender… Para todos. Porque toda indagación genuina que se emprende en conjunto, como hemos hecho estos días, enriquece a todas las partes. Nosotros hemos aprendido tanto de vosotros y, a través de vosotros, de la naturaleza humana, como vosotros podéis haber aprendido del sensei o…, quizás, de mi humilde participación. Porque el aprendizaje nunca termina. Por eso ha sido importante para nosotros vuestro aporte… y lo sigue siendo.

—¿Fue de ese modo como nos contactaron? —preguntó Antonella—. ¿A través de contactos anteriores?

—Así fue. En algunos casos, estudiantes que habíamos tenido, en otros, personas con las que ya teníamos contacto…, o relaciones de esos contactos. Fue menos difícil de lo que parece. Más difícil fue que pudieran coincidir todos. Se envió un número muy considerable de cartas para que finalmente pudierais estar aquí vosotros.

—¿Un esfuerzo quizás demasiado grande para el resultado obtenido? —preguntó Victoria.

—De ninguna manera. Cada ser humano es único e irrepetible. Por tanto, digno de todo esfuerzo.

»Las personas son… como el loto. Esa hermosa flor que nace del barro y se eleva hasta salir de la oscuridad de la ciénaga para surgir intacta e impoluta en cada amanecer… Simboliza la pureza y la belleza, que también se encuentran en el alma del ser humano.»

Y añadió con la misma profunda expresión de afecto que el sensei, que observaba en silencio:

—No lo olvidéis: sois únicos e irrepetibles.

Bibliografía recomendada

Dōgen, Eihei: *Poesía mística zen*, Miraguano Ediciones, Madrid.

«El maravilloso arte de una gata», del maestro zen Ito Tenzaa Chuya. Versión resumida de RR Bravo. Traducción al español de Ana María Gathmann publicada en *Nada sagrado* (Textos zen), Oscar Todtmann Editores, Caracas.

Falcone, Luis: *Kyudo Zen: Memorias del Japón, en busca del ser interior.* Artes Gráficas Integradas, Japan Foundation, Madrid.

Gubb-ert: *Todos somos de color café con leche*, Colección Saber es Divertido. Letra minúscula, Barcelona. Versión digital en Amazon.com:
https://www.amazon.es/Todos-Somos-Color-Leche-Divertido-ebook/dp/B07DC6R5GY/ref=sr_1_2?__mk_es_ES=%C3%85M%C3%85%C5%BD%C3%95%C3%91&keywords=gubb-ert&qid=1565090235&s=gateway&sr=8-2

Herrigel, Eugen: *The Method of Zen*, Vintage Books, New York.

— *Zen en el arte del tiro con arco*, Kier/Gaia, Madrid.

I Ching (Libro de los cambios). Edición de Richard Wilhelm (con prólogo de C.G. Jung), Edhasa, Barcelona.

James, Tad, and Wyatt Woodsmall: *Timeline Therapy and the Basics of Personality*, Meta Publications, USA. (De próxima publicación en español.)

Lanzaco Salafranca, Federico: *Introducción a la cultura japonesa*. Edición ampliada y revisada. Universidad de Valladolid.

— *Taoísmo, budismo zen y cristianismo. Tres caminos de espiritualidad universal.* Verbum, Madrid.

Lao Tse: *Tao Te King*, Barral, Barcelona.

Murakami, Haruki: *1Q84, Libros 1 y 2*, Tusquets, Barcelona.

Musashi, Miyamoto: *El libro de los cinco anillos*, Dojo Ediciones, Madrid.

Tsunetomo, Yamamoto: *Hagakure. El camino del samurái*, Debolsillo Ediciones, Barcelona.